Wieland Ziegenrücker

PRAKTISCHE MUSIKLEHRE

DAS ABC DER MUSIK IN UNTERRICHT UND SELBSTSTUDIUM

Neufassung 2026

mit erweiterten Klangbeispielen

unter Mitarbeit von
Friedhelm Pramschüfer

LÖSUNGEN

Heft 1 BV 391
Heft 2 BV 392
Heft 3 BV 393

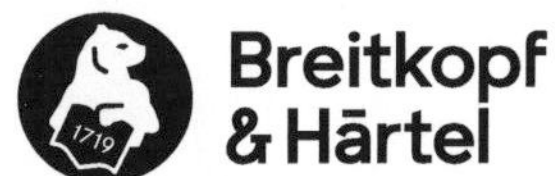

Das vorliegende Heft enthält die Lösungen zu den Aufgaben aus Heft 1 (BV 311) der *Praktischen Musiklehre.* Autor und Verlag hoffen, damit einerseits die Effektivität des Lernens beim Selbststudium zu erhöhen und andererseits die Gruppenarbeit im schulischen Bereich zu unterstützen. Wer sich in seiner Freizeit mit Musik, hier speziell mit Musiklehre beschäftigt, tut dies aus eigenem Antrieb; es besteht also kaum die Gefahr, dass durch gedankenloses Abschreiben der Lösungen „geschummelt" wird. Ein Vorab-Blick in dieses Heft kann den Lernprozess sogar durchaus befördern und beim Klären von Fragen zum Unterrichtsstoff helfen oder Unsicherheiten in der praktischen Anwendung beseitigen, vor allem aber zum Wiederholen anregen. Wir haben deshalb nicht nur die Lösungen zu den Hauptaufgaben abgedruckt, sondern auch alle Zusatzaufgaben einbezogen. Die übersichtliche Anlage erleichtert den raschen Zugriff. Natürlich sind auch alle für die Lösungen notwendigen Klangbeispiele im Notenbild wiedergegeben.

Wenn die Aufgabe nur darin besteht, innerhalb einer Übung unmittelbar vorher besprochene Kennzeichnungen mit Zahlen oder Buchstaben vorzunehmen (z. B. Eintragen von Zählzeiten oder Bestimmen von Rhythmus-Grundfiguren), erschien uns der Lösungsabdruck nicht notwendig. Einige Aufgabenstellungen lassen mehrere Ergebnisse zu, wie etwa „Vervollständige das Beispiel" oder „Verbessere die fehlerhaften Takte" – in diesen Fällen ist immer nur eine Variante angegeben. Das trifft auch auf bekannte Lieder zu, bei denen es mitunter durch das sogenannte Umsingen Abweichungen in der Melodie (vgl. Aufgabe 200 *Hänsel und Gretel* – Tonwiederholung oder Umspielung) oder im Rhythmus (vgl. Aufgabe 149 *Jingle Bells* – gleichmäßige Viertel oder Punktierung) gibt. Bei Aufgaben, die eigene rhythmische und melodische Erfindungen fordern, wurde bewusst auf Lösungen verzichtet, um die gewünschte Kreativität nicht einzuengen. Hier hilft das Gespräch mit einem kundigen Partner bzw. dem Lehrer oder auch die Meinungsbildung innerhalb der Gruppe.

Eine alte Weisheit besagt: „Wer einen Fehler gemacht hat und ihn nicht korrigiert, begeht einen zweiten" (Konfuzius). Ein erfolgreiches Lernen für noch mehr Freude am Musizieren wünscht

Wieland Ziegenrücker

Zur Neufassung 2026

Die Gestaltung des Lösungshefts ist gleich geblieben. Es wurden lediglich die Benennungen der Klangdateien hinzugefügt und die zusätzlichen Klangbeispiele den Lösungen zugeordnet. Benutzer der älteren Auflagen finden die Zuordnung in einer Readme-Datei, die auf www.breitkopf.com zum Download zu finden ist. Benutzer der Neufassung benötigen die Readme-Datei nicht, denn alle Erweiterungen wurden in den gedruckten Text übernommen. Die Benennung der Klangdateien folgt der Gliederung in die bestehenden Kapitel – neu ist deren fortlaufende Nummerierung:
◀ | Kapitelnummer | Aufgabe, Übung (z. B. ◀ 12.01). Weitere Angaben sind ggf. angehängt: für eine zusätzliche Untergliederung z. B. ◀ 12.01_1_2, für eine Gruppe aus zwei Übungen z. B. ◀ 12.01_1+2, für eine Gruppe aus mehreren Übungen z. B. ◀ 12.01_1…5.

Heft 1 BV 311 — **Lösungen BV 391**
Heft 2 BV 312 — Lösungen BV 392
Heft 3 BV 313 — Lösungen BV 393

4. Auflage – Neufassung mit erweiterten Klangbeispielen 2026

Umschlag: Andreas Jacobsen, Breitkopf & Härtel – nach einem Entwurf von Kristina Otersen, Wiesbaden
Notengrafik: Wieland Ziegenrücker
Satz und Layout: Kontrapunkt Satzstudio Bautzen
Druck: Halstan Deutschland GmbH, Mainz
Printed in Germany

Breitkopf & Härtel KG
Walkmühlstraße 52
65195 Wiesbaden, Germany
info@breitkopf.com
www.breitkopf.com

Aufgabe 6
CD Track 4
◀ 01.03

1) ↗ 2) → 3) ↘ 4) ↘ 5) ↗ 6) →

Aufgabe 10
CD Track 3
◀ 01.02

1) ↗↘ 2) ↗→ 3) ↗↗ 4) ↗↘ 5) ↗→ 6) ↗↗

Aufgabe 12
CD Track 4
◀ 02.01

1) 2) 3) 4) 5) 6)

Aufgabe 14

1) Die Note befindet sich auf der 3. Linie.
2) Die Note befindet sich auf der 2. Linie.
3) Die Note befindet sich im 4. Zwischenraum.
4) Die Note befindet sich auf der 4. Linie.
5) Die Note befindet sich über der 5. Linie, sie liegt auf der 5. Linie.
6) Die Note befindet sich auf der 1. Linie.
7) Die Note befindet sich im 3. Zwischenraum.
8) Die Note befindet sich im 2. Zwischenraum.
9) Die Note befindet sich auf der 5. Linie.
10) Die Note befindet sich unter der 1. Linie, sie hängt an der 1. Linie.

Aufgabe 18

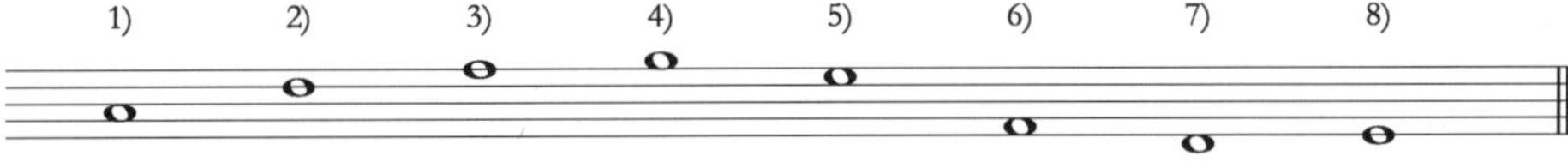

Aufgabe 19

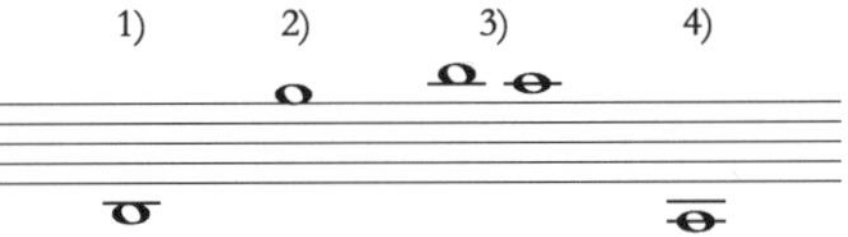

1) Die Hilfslinie muss über dem Notenkopf sein.
2) Die Hilfslinie entfällt.
3) Die durchgezogene Hilfslinie trennen, jede Note hat eigene Hilfslinien.
4) Die 1. Hilfslinie zwischen dem System und dem Notenkopf fehlt.

Aufgabe 21

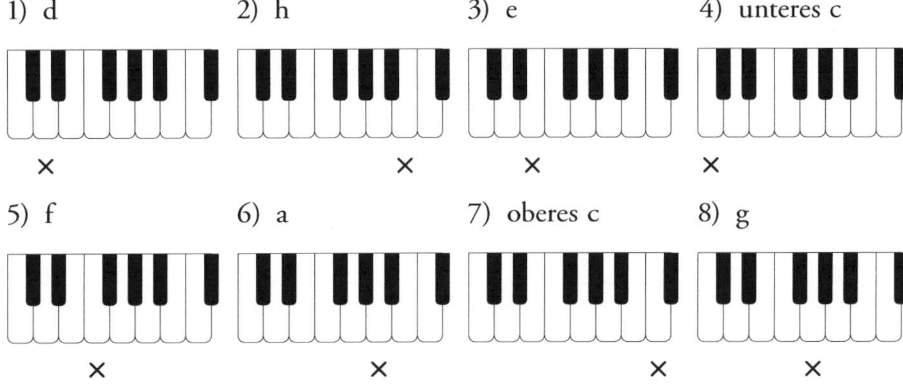

Aufgabe 24
CD Track 7
◀ 06.02_1+2

Oktaven erklingen in den Beispielen 2, 4, 5 und 8.

Aufgabe 25

Flöte = Violinschlüssel
Kontrabass = Bassschlüssel
Violine = Violinschlüssel
Trompete = Violinschlüssel
Tuba = Bassschlüssel
Pauke = Bassschlüssel
Klarinette = Violinschlüssel
Blockflöte = Violinschlüssel

Aufgabe 26

Zum Beispiel Klavier, Orgel, Akkordeon, Harfe.

Aufgabe 28

1) a^1 – 6. Stammton	7) d – 2. Stammton
2) f^1 – 4. Stammton	8) g – 5. Stammton
3) h^1 – 7. Stammton	9) c – 1. Stammton
4) d^1 – 2. Stammton	10) a – 6. Stammton
5) c^2 – 1. Stammton	11) e – 3. Stammton
6) e^1 – 3. Stammton	12) h – 7. Stammton

Die höchste Note ist c^2, die tiefste Note ist c (das kleine c).

Aufgabe 29

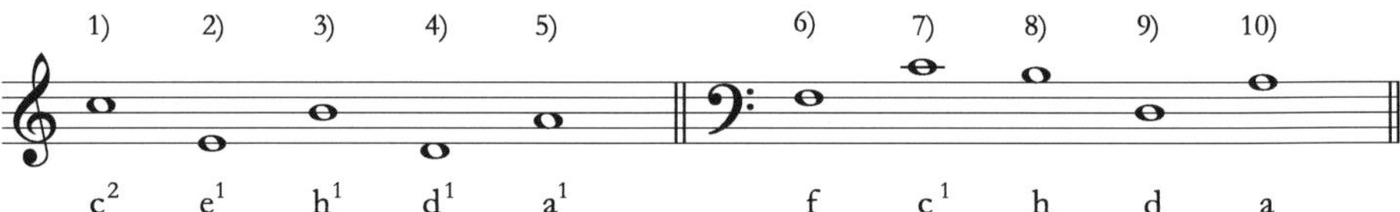

Aufgabe 31

1) g^2	2) h^1	3) a	4) f^1	5) d^3	6) h
7) e^2	8) c^3	9) f	10) a^1	11) d^2	12) e^3

Aufgabe 32

1) A	2) g	3) e^1	4) h	5) F	6) a
7) H_1	8) H	9) d	10) c^1	11) E	12) f^1

Aufgabe 33

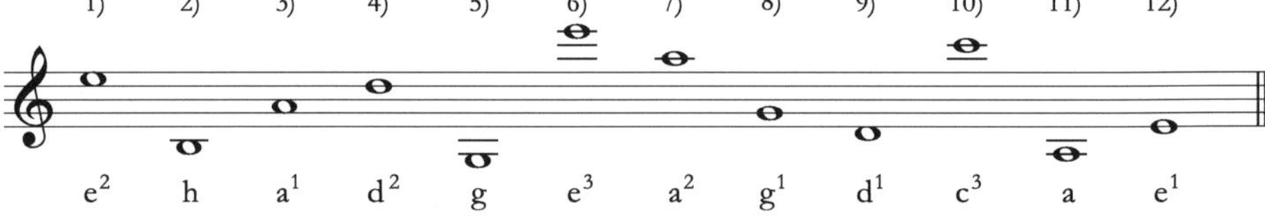

Aufgabe 34

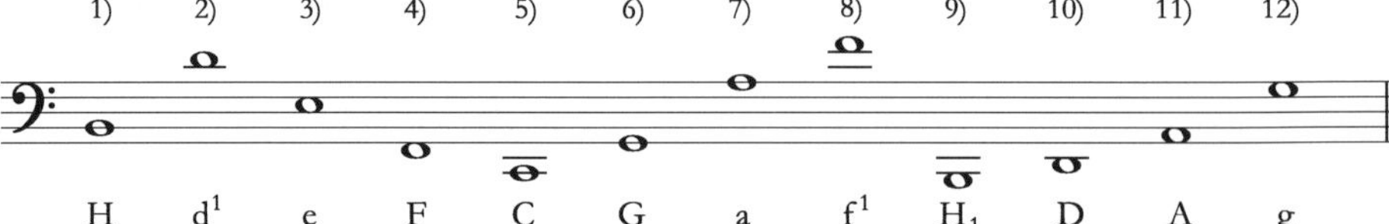

Aufgabe 35

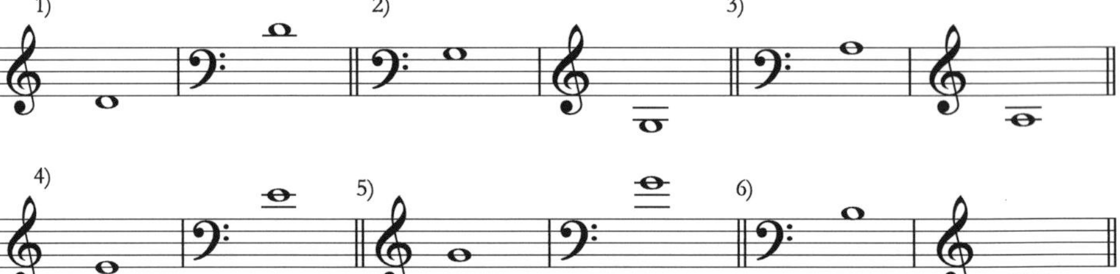

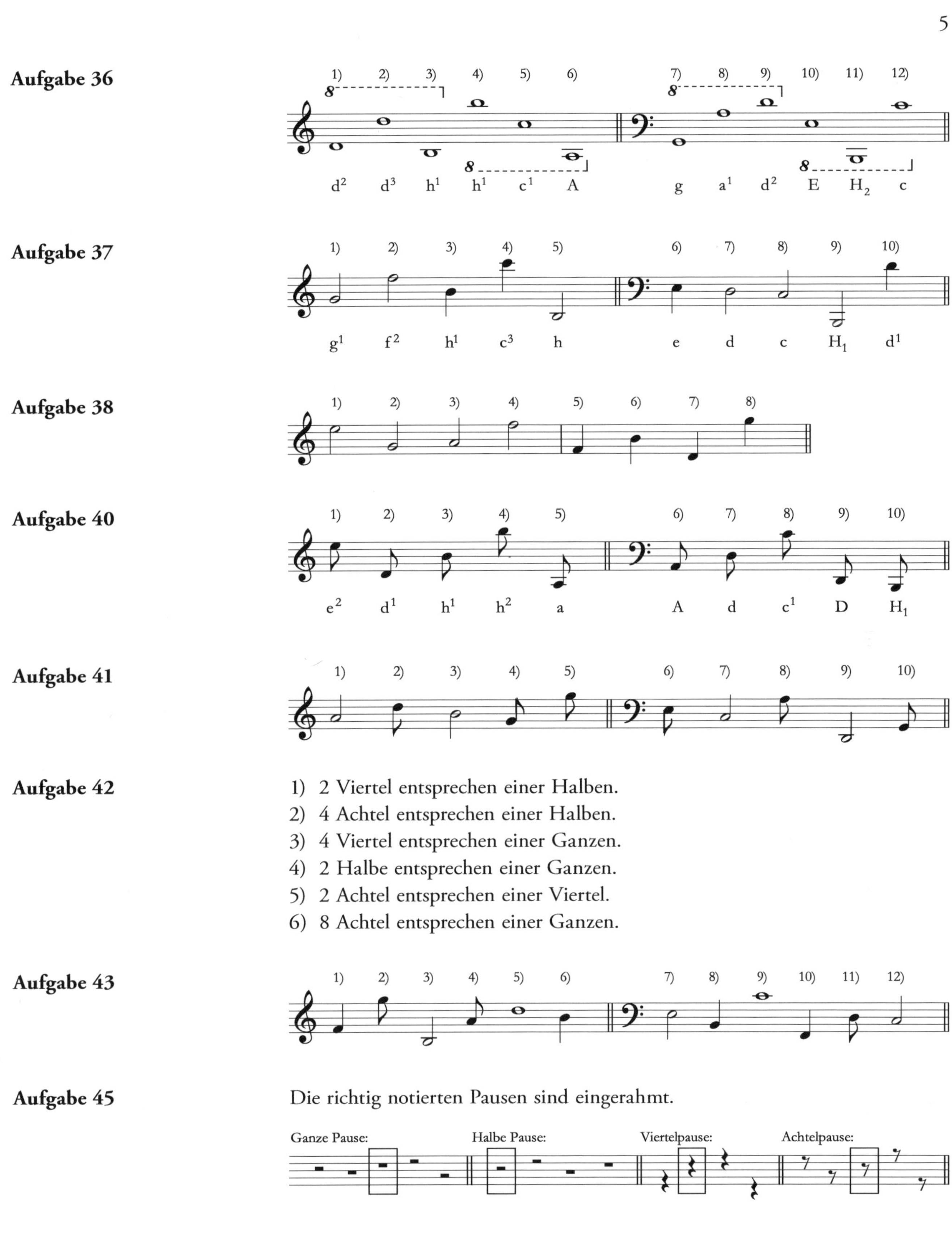

Aufgabe 36

1) d² 2) d³ 3) h¹ 4) h¹ 5) c¹ 6) A 7) g 8) a¹ 9) d² 10) E 11) H_2 12) c

Aufgabe 37

1) g¹ 2) f² 3) h¹ 4) c³ 5) h 6) e 7) d 8) c 9) H_1 10) d¹

Aufgabe 38

Aufgabe 40

1) e² 2) d¹ 3) h¹ 4) h² 5) a 6) A 7) d 8) c¹ 9) D 10) H_1

Aufgabe 41

Aufgabe 42

1) 2 Viertel entsprechen einer Halben.
2) 4 Achtel entsprechen einer Halben.
3) 4 Viertel entsprechen einer Ganzen.
4) 2 Halbe entsprechen einer Ganzen.
5) 2 Achtel entsprechen einer Viertel.
6) 8 Achtel entsprechen einer Ganzen.

Aufgabe 43

Aufgabe 45

Die richtig notierten Pausen sind eingerahmt.

Ganze Pause: Halbe Pause: Viertelpause: Achtelpause:

Aufgabe 46

1) Zweiertakt 2) Dreiertakt 3) Dreiertakt 4) Zweiertakt

Aufgabe 60

◀ 16.08_1

1)

◀ 16.08_2

2)

Aufgabe 61

Mehrere Lösungen sind möglich, zum Beispiel:

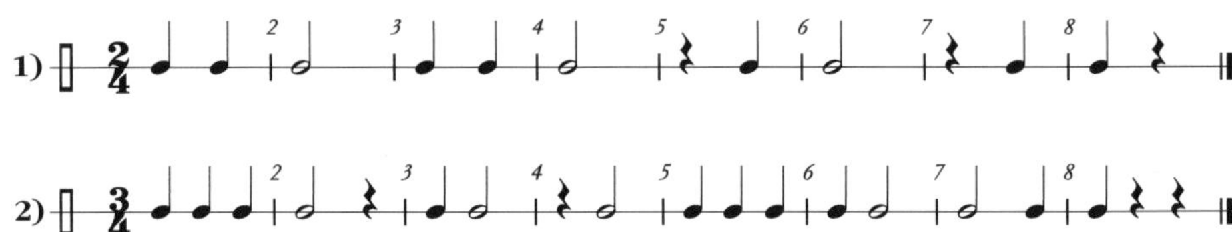

Beachte die zwei Viertelpausen im letzten Takt von Beispiel 2 (die Halbe Pause ist falsch).

Aufgabe 65
CD Track 10
17.01_1+2

Beispiel 1: Variante c
Beispiel 2: Variante c

Aufgabe 66
CD Track 11
17.02

Aufgabe 67
CD Track 12
17.03

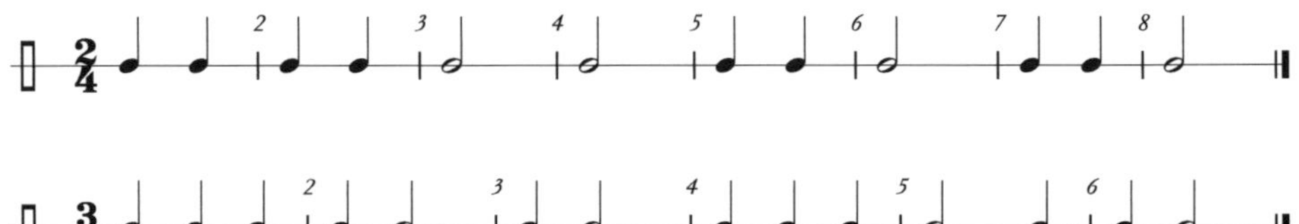

Aufgabe 68
CD Track 13
17.04_1+2

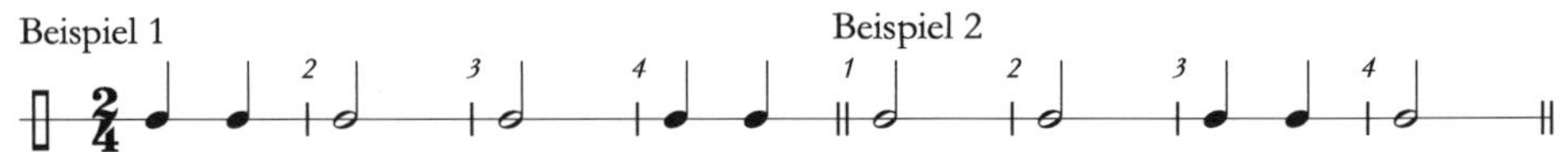

Aufgabe 68
CD Track 14
17.04_3+4

Aufgabe 69
17.06

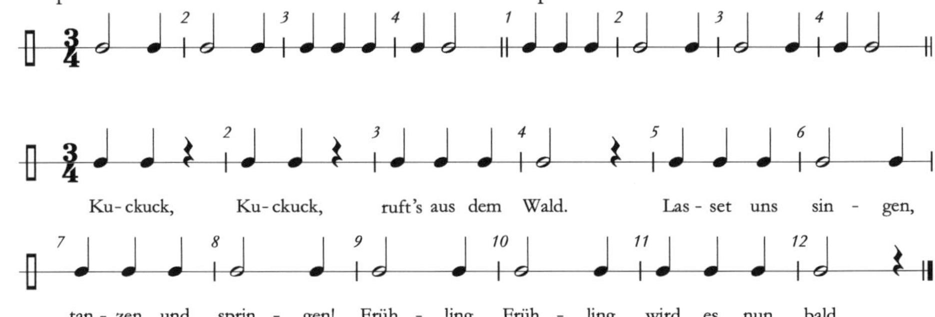

Aufgabe 70
CD Track 15
17.07_1+2

Aufgabe 70
CD Track 16
17.07_3+4

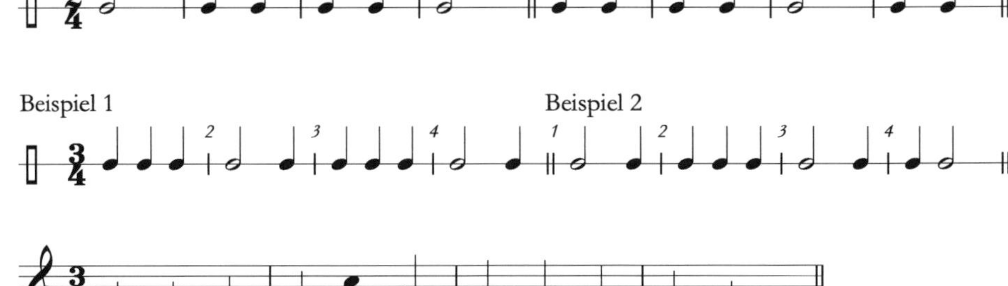

Aufgabe 75
19.01_1+2

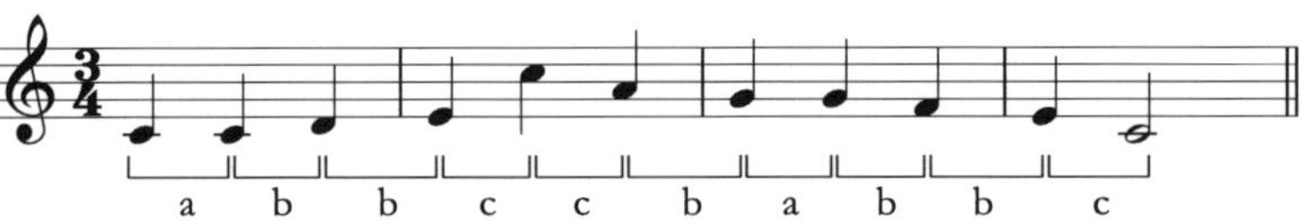

Aufgabe 77
CD Track 19
19.03

Beispiel 1: c c a b a
Beispiel 2: a c a b b

Aufgabe 80
CD Track 21
20.03

Der Kuckucksruf erklingt in den Beispielen 1, 4, 6 und 7.

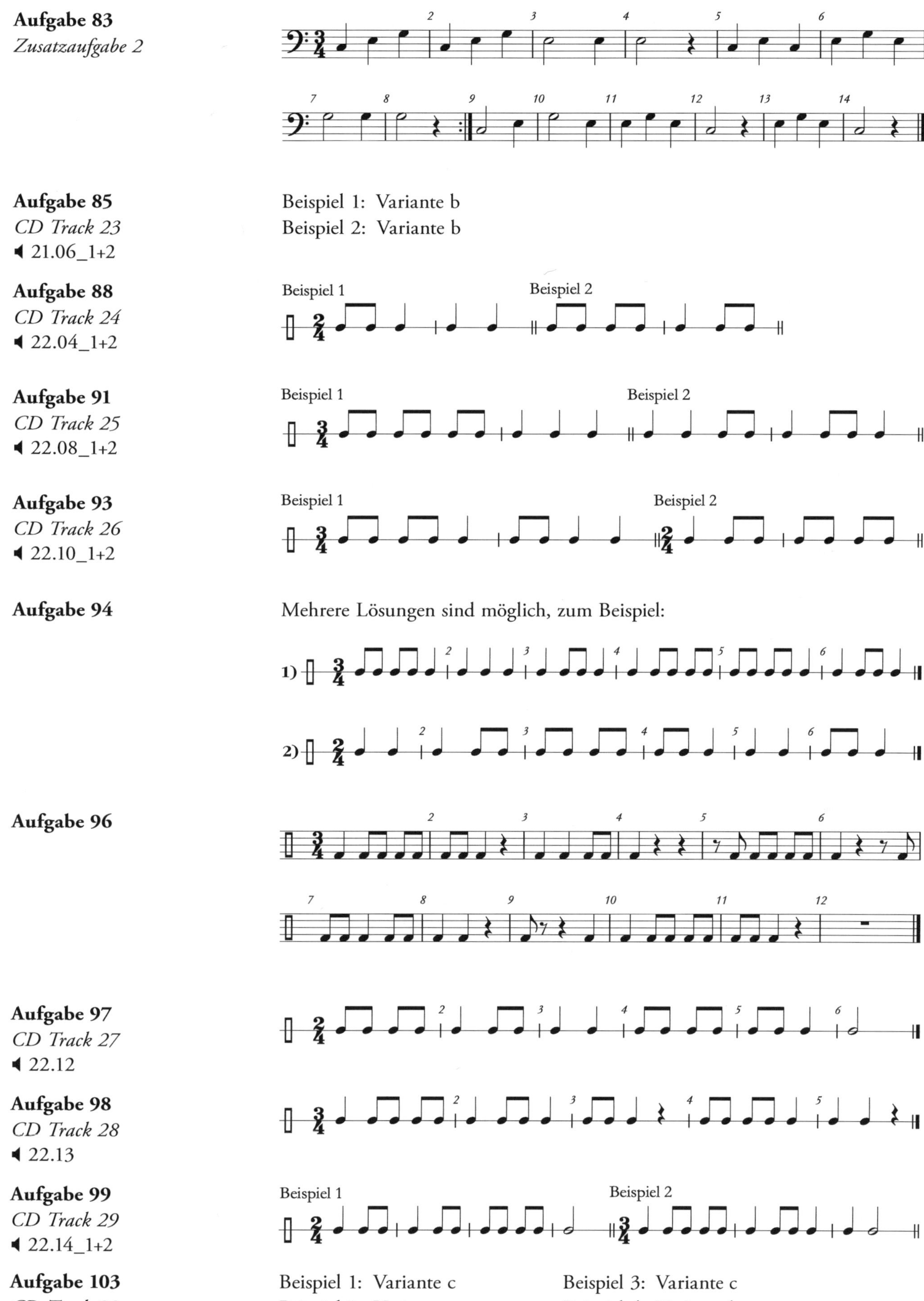

Aufgabe 83
Zusatzaufgabe 2

Aufgabe 85
CD Track 23
◀ 21.06_1+2

Beispiel 1: Variante b
Beispiel 2: Variante b

Aufgabe 88
CD Track 24
◀ 22.04_1+2

Aufgabe 91
CD Track 25
◀ 22.08_1+2

Aufgabe 93
CD Track 26
◀ 22.10_1+2

Aufgabe 94

Mehrere Lösungen sind möglich, zum Beispiel:

Aufgabe 96

Aufgabe 97
CD Track 27
◀ 22.12

Aufgabe 98
CD Track 28
◀ 22.13

Aufgabe 99
CD Track 29
◀ 22.14_1+2

Aufgabe 103
CD Track 30
◀ 23.03_1…4

Beispiel 1: Variante c
Beispiel 2: Variante a
Beispiel 3: Variante c
Beispiel 4: Variante b

Aufgabe 104
CD Track 31
◀ 23.04_1…4

Beispiel 1: Variante b und Variante a
Beispiel 2: Variante a und Variante b
Beispiel 3: Variante c und Variante c
Beispiel 4: Variante c und Variante a

Aufgabe 106
Zusatzaufgabe 1

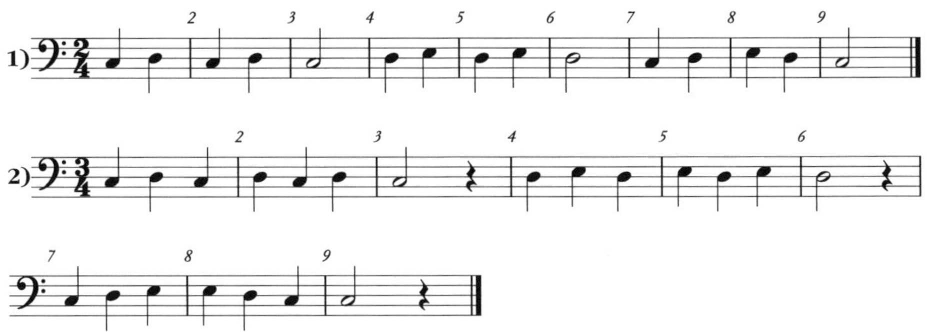

Aufgabe 108
Zusatzaufgabe

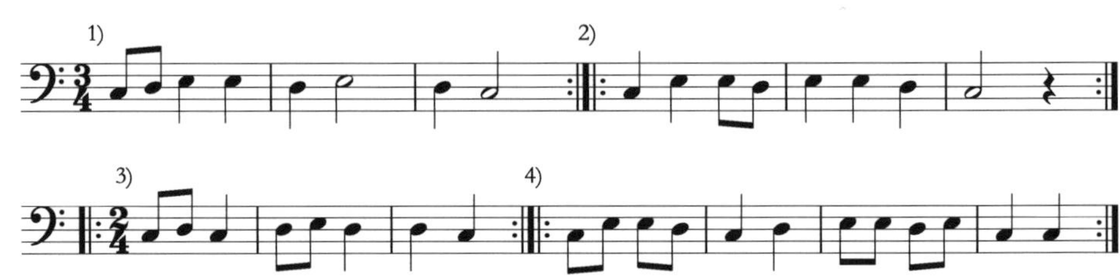

Aufgabe 109
CD Track 33
◀ 24.07_1…4

Beispiel 1: Variante a
Beispiel 2: Variante a
Beispiel 3: Variante b
Beispiel 4: Variante b

Aufgabe 112
CD Track 35
◀ 24.10_1…4

Beispiel 1: Variante b
Beispiel 2: Variante b

Aufgabe 113
Zusatzaufgabe 1

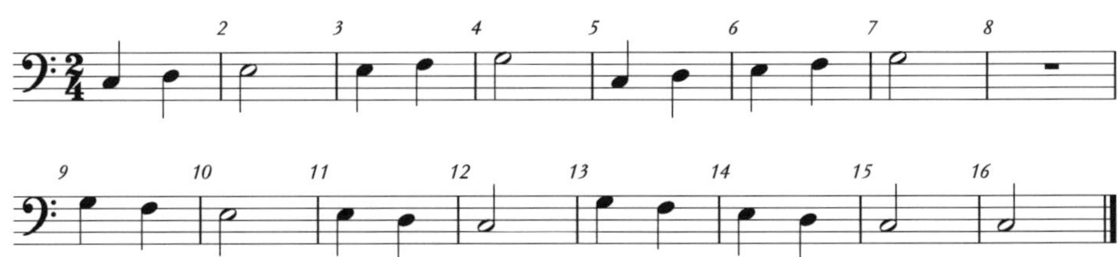

Aufgabe 114
Zusatzaufgabe

Ist ein Mann in' Brunn' gefallen

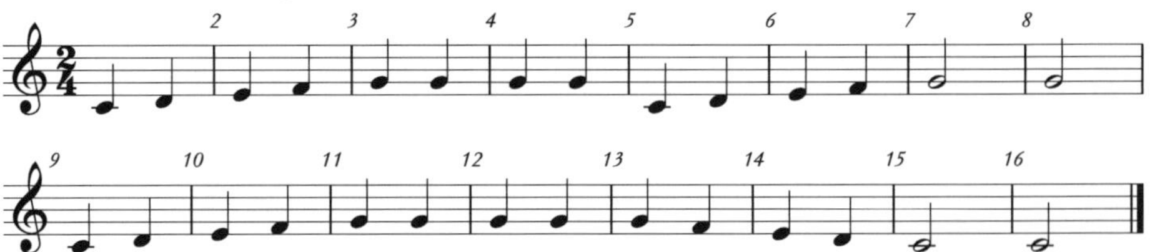

Lied der Müller (aus dem 19. Jh.)

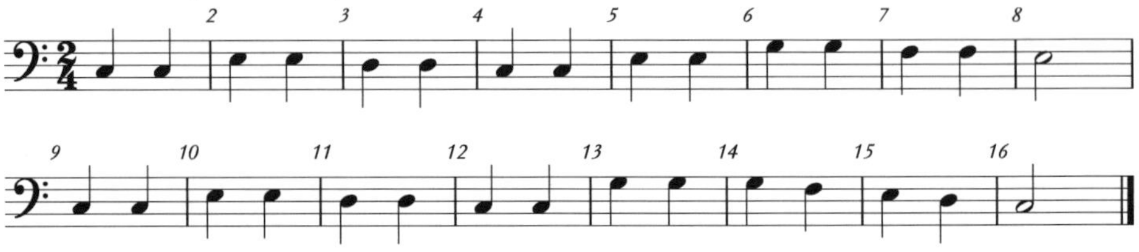

Aufgabe 115
◀ 25.05

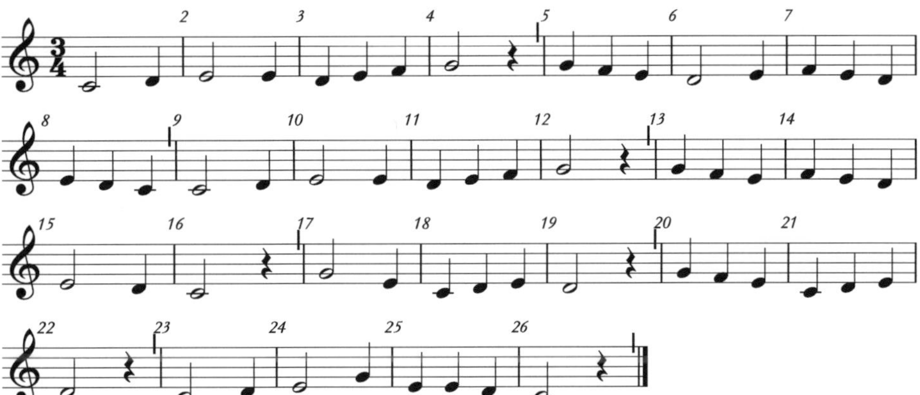

Aufgabe 116
Zusatzaufgaben 1/2
◀ 25.06

Ungarisches Liedchen

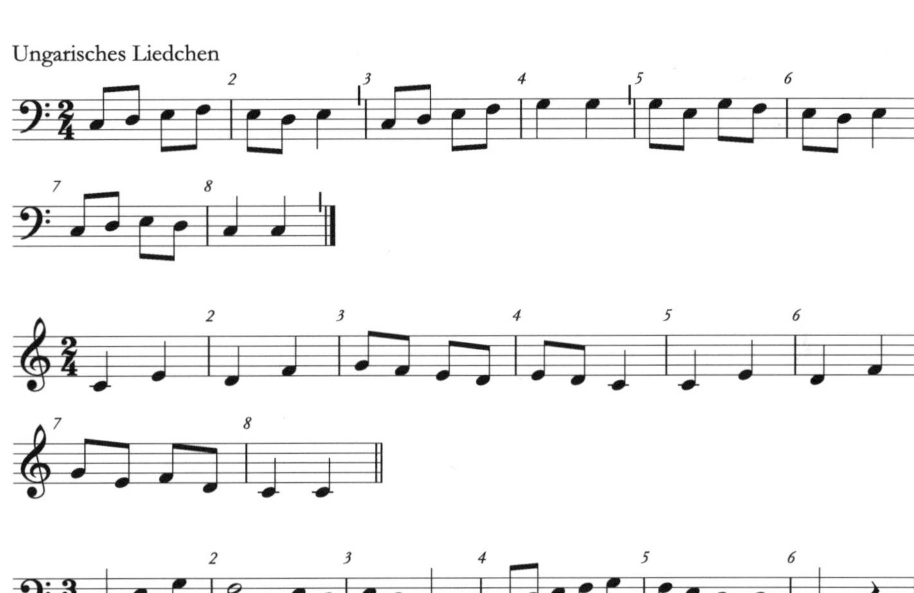

Aufgabe 120
CD Track 37
◀ 26.01

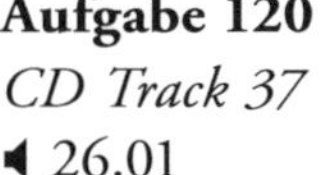

Aufgabe 121
CD Track 38
◀ 26.02

Aufgabe 122
CD Track 39
◀ 26.03_2

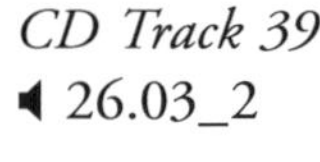

Die melodischen Abweichungen sind mit einem Pfeil gekennzeichnet.

Alter Reigentanz

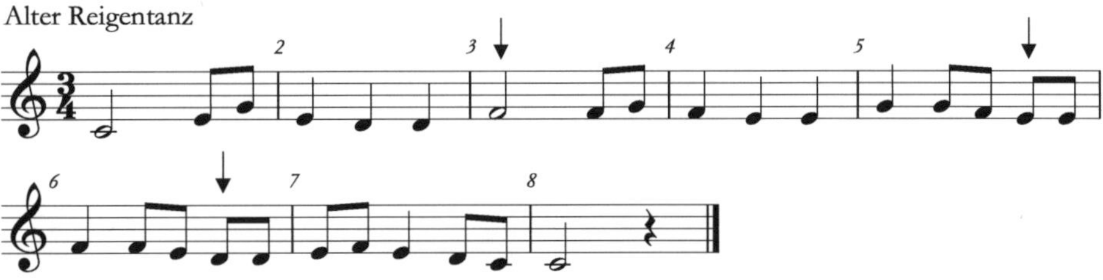

Aufgabe 123
CD Track 40
◀ 26.04_1+2

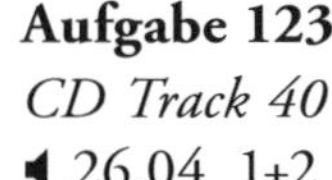

Beispiel 1 Beispiel 2

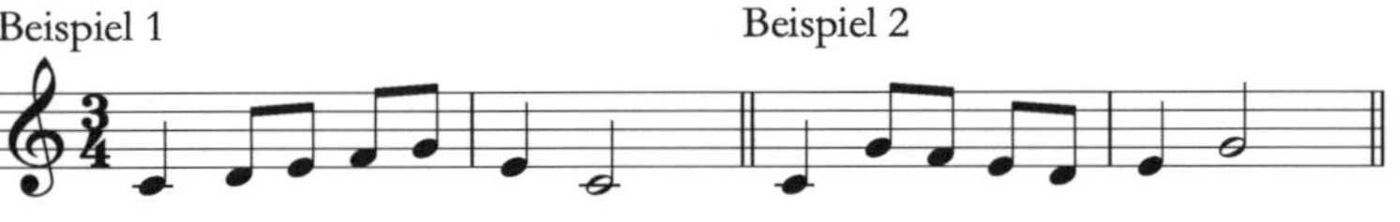

Aufgabe 123
CD Track 41
◀ 26.04_3+4

Beispiel 1 Beispiel 2

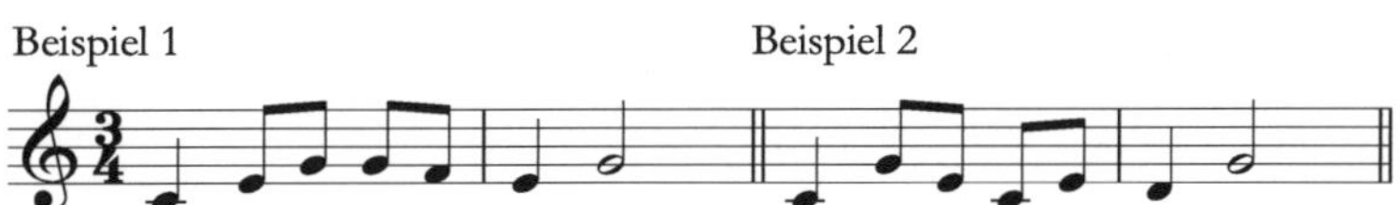

Aufgabe 124
CD Track 42
◀ 26.05_1+2

Beispiel 1 Beispiel 2

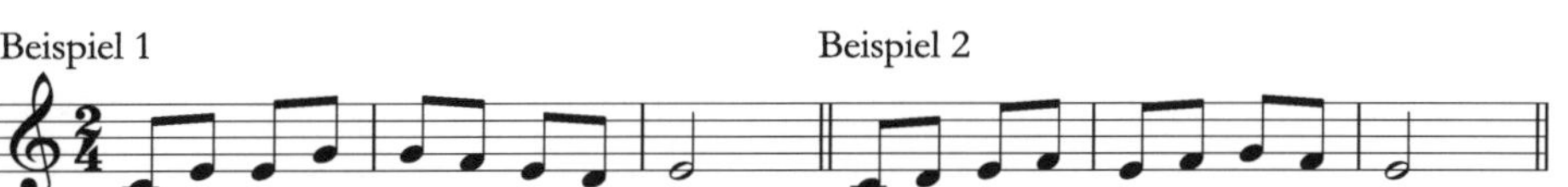

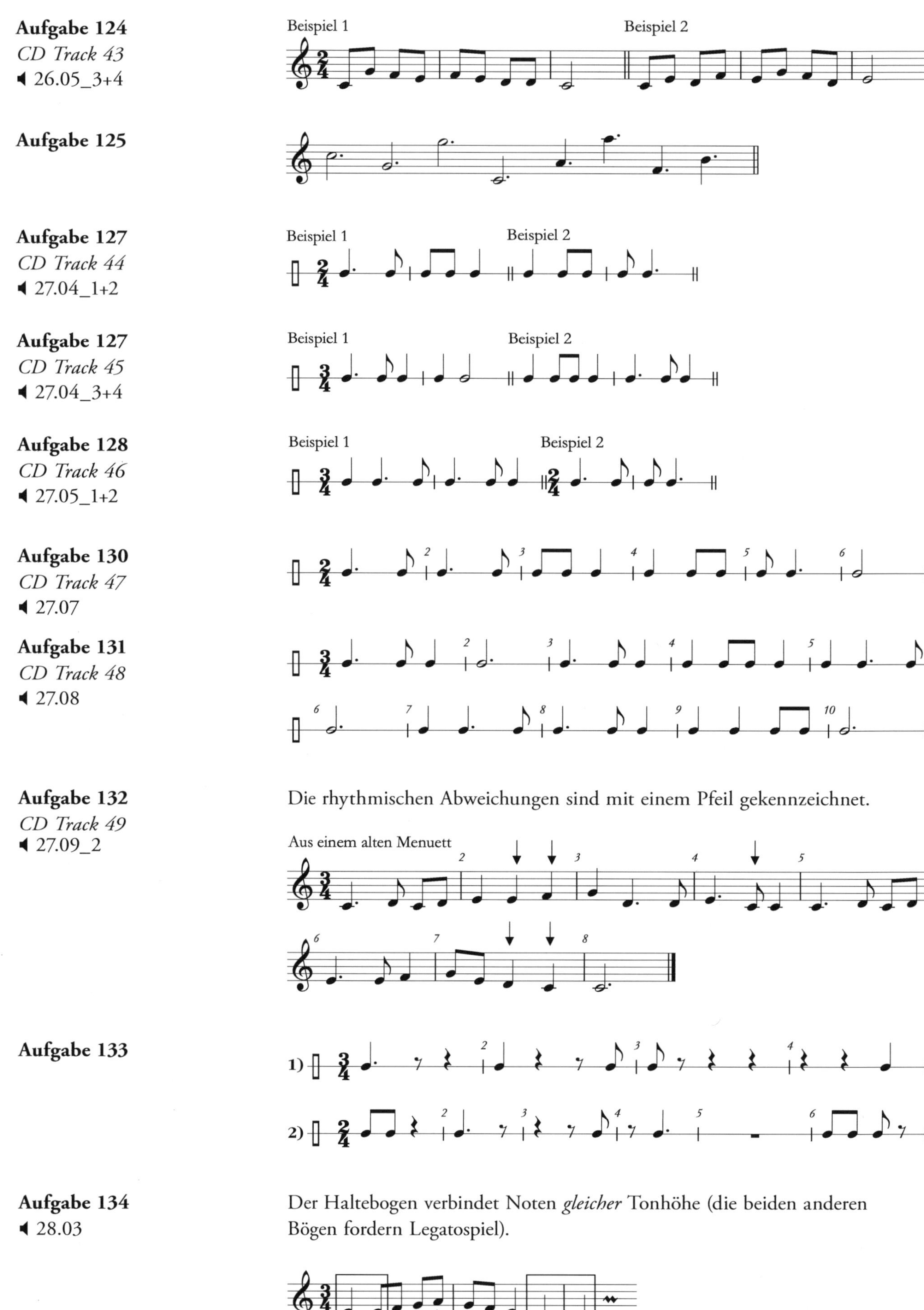

Aufgabe 124
CD Track 43
◄ 26.05_3+4

Aufgabe 125

Aufgabe 127
CD Track 44
◄ 27.04_1+2

Aufgabe 127
CD Track 45
◄ 27.04_3+4

Aufgabe 128
CD Track 46
◄ 27.05_1+2

Aufgabe 130
CD Track 47
◄ 27.07

Aufgabe 131
CD Track 48
◄ 27.08

Aufgabe 132
CD Track 49
◄ 27.09_2

Die rhythmischen Abweichungen sind mit einem Pfeil gekennzeichnet.

Aufgabe 133

Aufgabe 134
◄ 28.03

Der Haltebogen verbindet Noten *gleicher* Tonhöhe (die beiden anderen Bögen fordern Legatospiel).

Aufgabe 136

Mehrere Lösungen sind möglich, zum Beispiel:

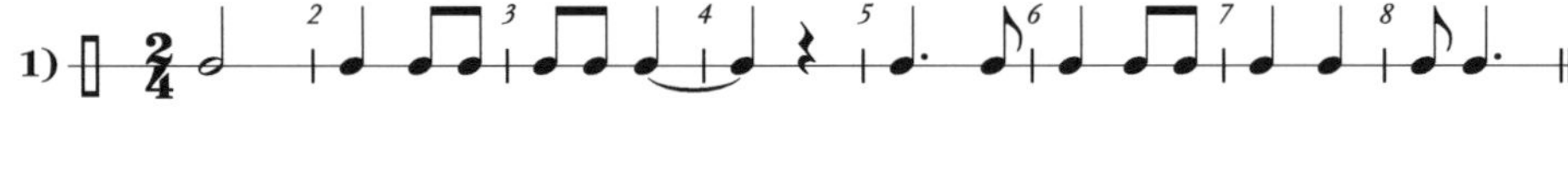

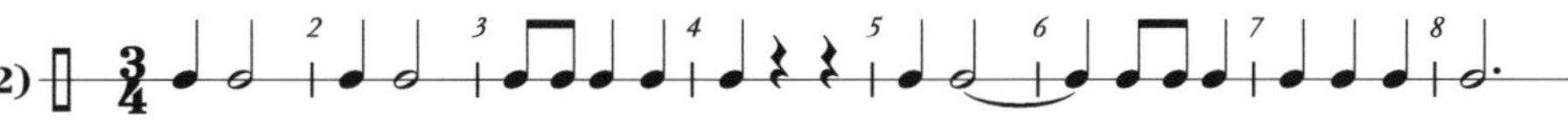

Aufgabe 137
◀ 28.05

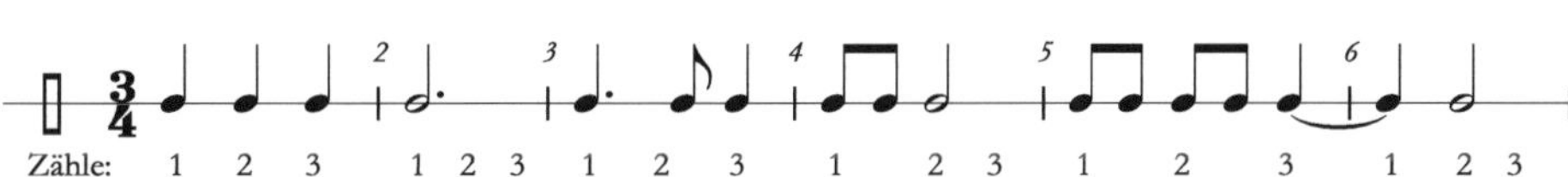

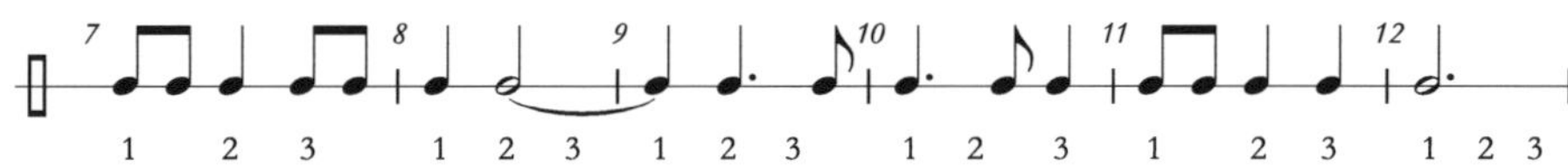

Aufgabe 138
◀ 28.06

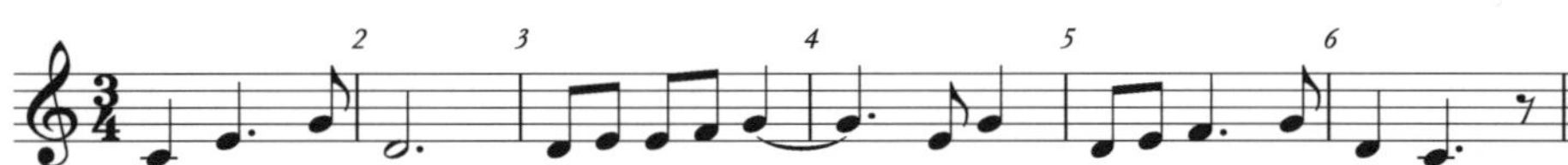

Aufgabe 139
◀ 28.07

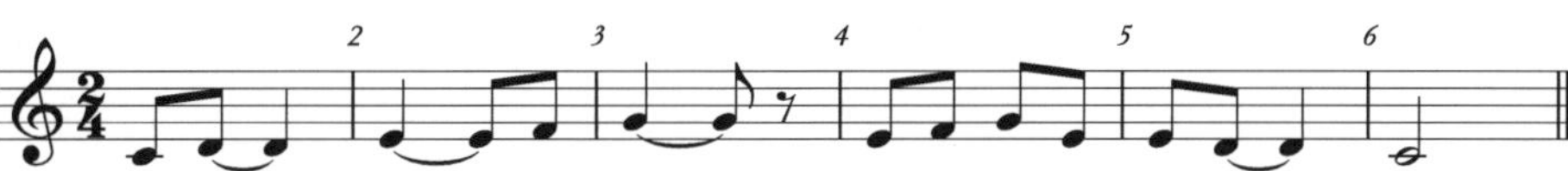

Aufgabe 140
CD Track 50
◀ 28.08

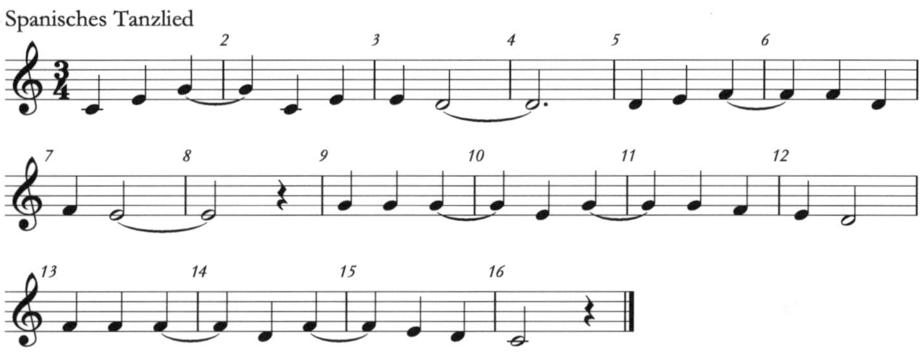

Aufgabe 142
◀ 29.04

Aufgabe 147
◀ 29.08

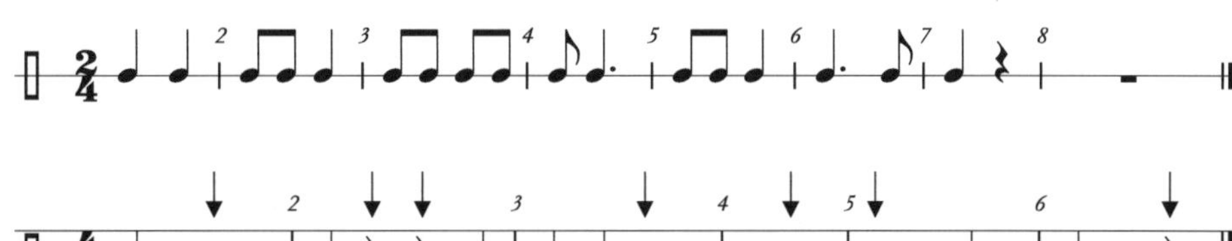

Takt 1: In der 2. Takthälfte werden die Viertelpausen zu einer Halben Pause zusammengefasst.
Takt 2: Die Taktmitte soll erkennbar bleiben, deshalb stehen zwei Viertelpausen.
Takt 3: Die Viertelpause ergibt mit den zwei Viertelnoten nur einen Dreiertakt.
Takt 4: Die Ganztaktpause hängt an der vierten Linie.
Takt 5: Die Halbe Pause liegt auf der dritten Linie.
Takt 6: Die punktierte Halbe ergänzt sich mit der Viertelpause zu einem 4/4-Takt.

Aufgabe 149
◀ 29.10_1

Variante c

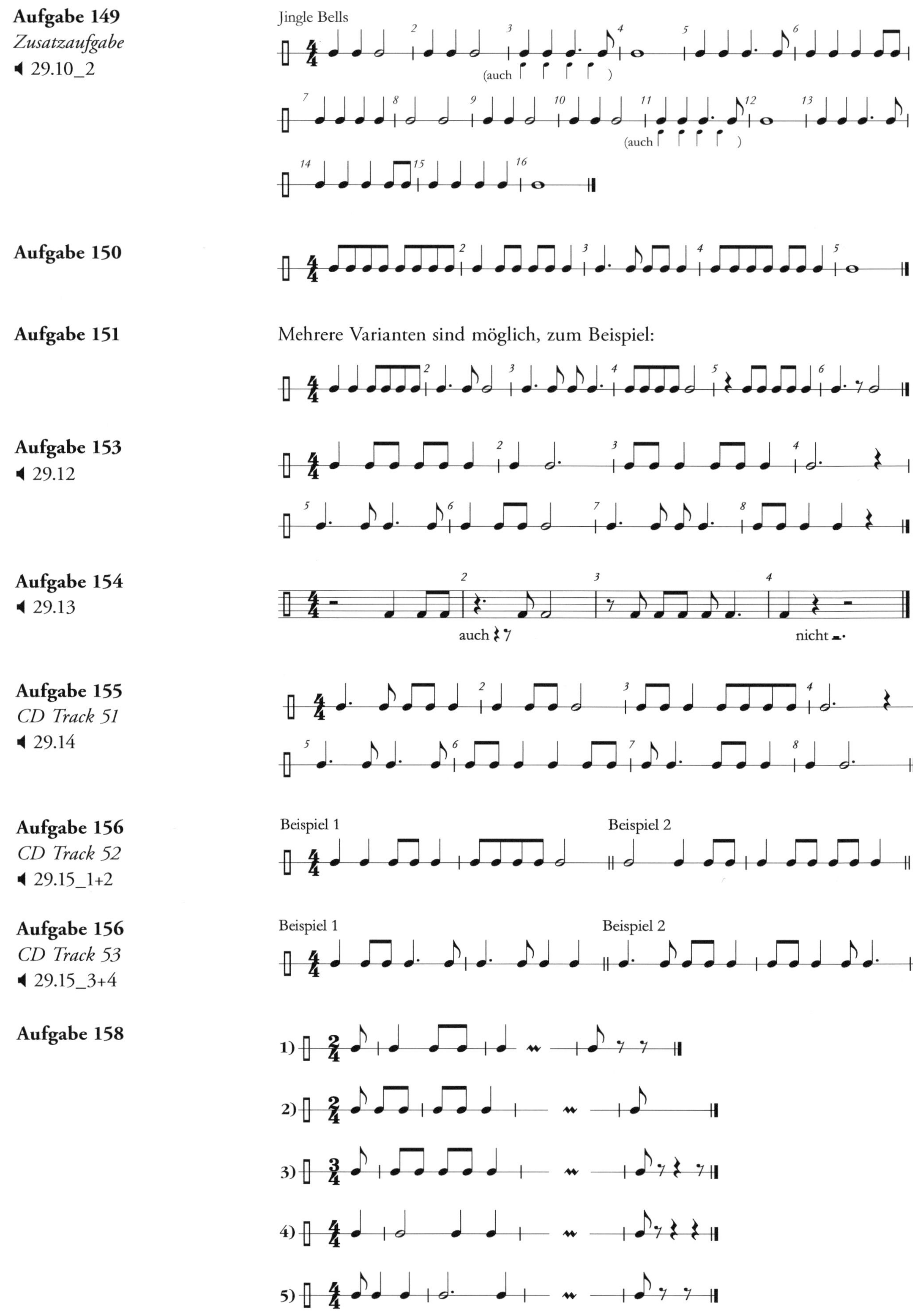
Aufgabe 149
Zusatzaufgabe
29.10_2
Jingle Bells
(auch
(auch
Aufgabe 150
Aufgabe 151
Mehrere Varianten sind möglich, zum Beispiel:
Aufgabe 153
29.12
Aufgabe 154
29.13
auch
nicht
Aufgabe 155
CD Track 51
29.14
Aufgabe 156
CD Track 52
29.15_1+2
Beispiel 1
Beispiel 2
Aufgabe 156
CD Track 53
29.15_3+4
Beispiel 1
Beispiel 2
Aufgabe 158
1)
2)
3)
4)
5)

Aufgabe 159
30.01

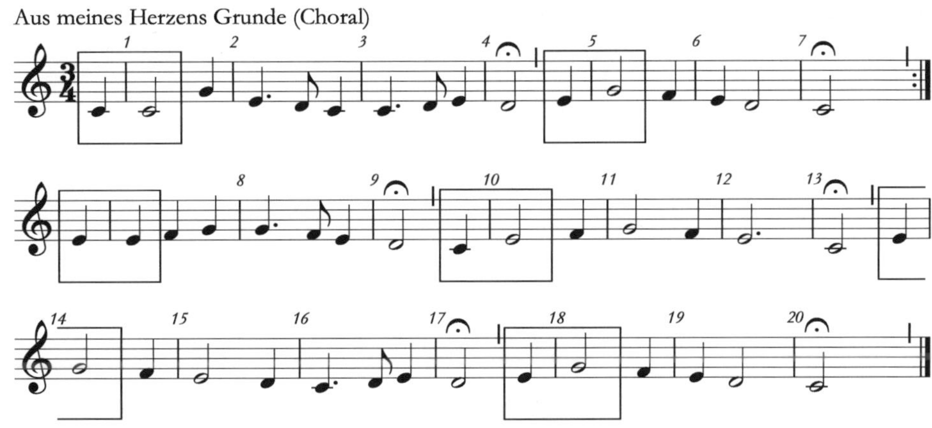

Aufgabe 160
CD Track 54
30.02_1+2

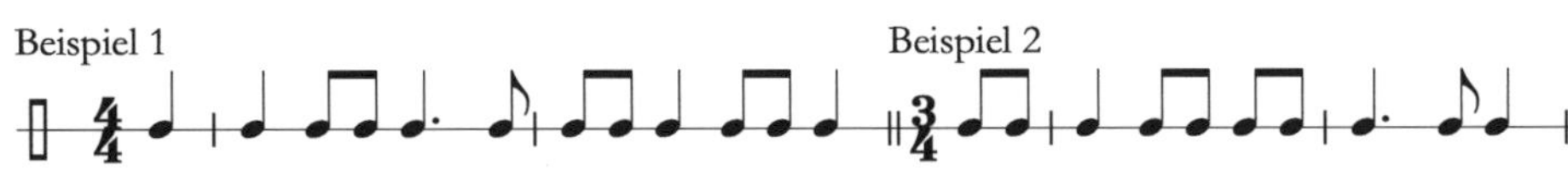

Aufgabe 161
30.03_1…10

O Tannenbaum / Happy Birthday / Ännchen von Tharau / Hoch auf dem gelben Wagen / Die Gedanken sind frei / Es waren zwei Königskinder / Yesterday / Horch, was kommt von draußen rein / Auf de schwäbsche Eisebahne / Im Frühtau zu Berge

Aufgabe 162
Zusatzaufgabe 1

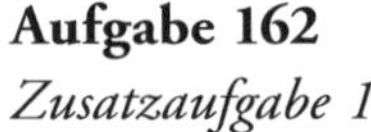

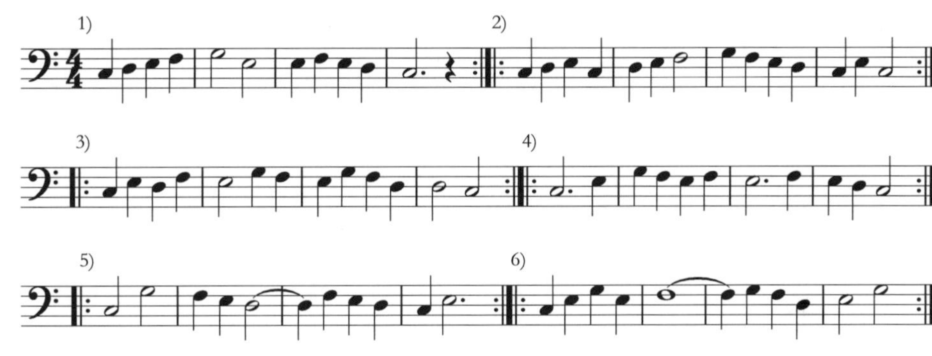

Aufgabe 163
CD Track 55
31.02_1+2

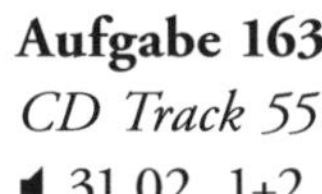

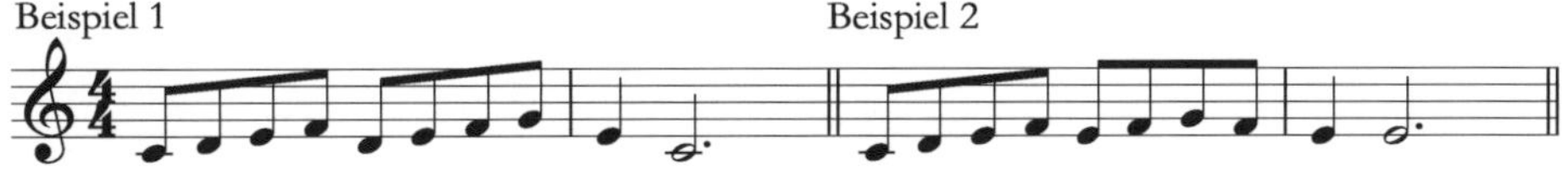

Aufgabe 163
CD Track 56
31.02_3+4

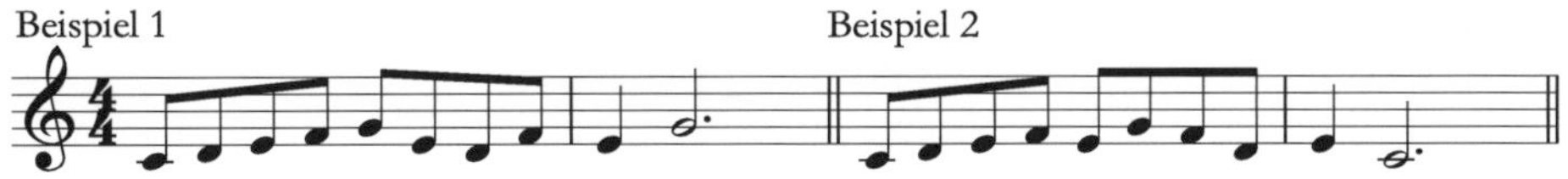

Aufgabe 164
CD Track 57
31.03_1+2

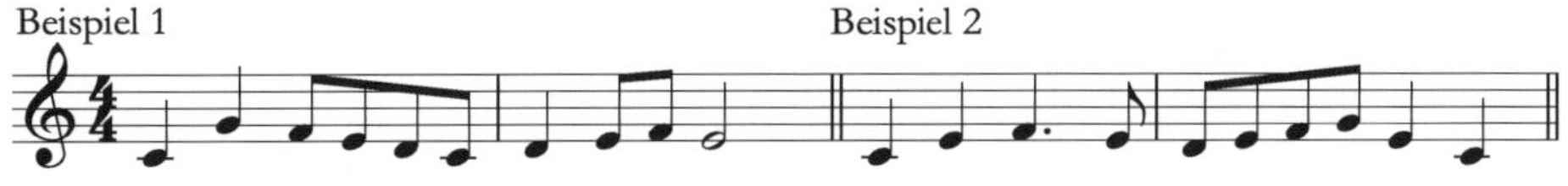

Aufgabe 164
CD Track 58
31.03_3+4

Beispiel 1 Beispiel 2

Aufgabe 172
34.05_1+2
34.05_3+4

Übung 1: 1) 4 2) 2 3) 5 4) 2 5) 1 6) 3 7) 4 8) 3
Übung 2: 1) 5 2) 3 3) 2 4) 2 5) 3 6) 4 7) 1 8) 4

Aufgabe 173
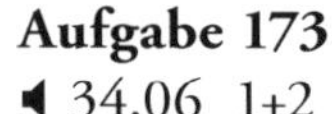
34.06_1+2

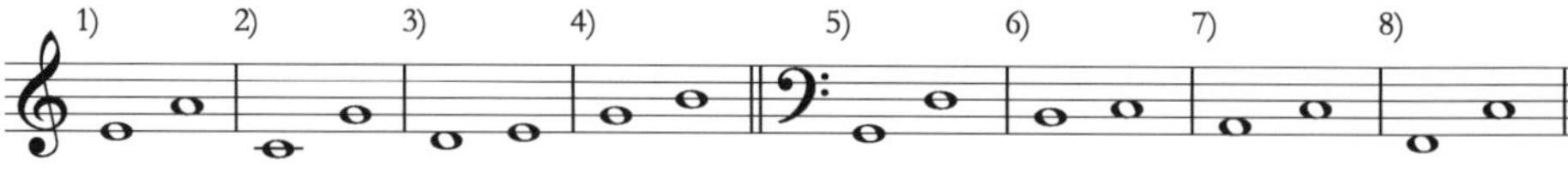

Aufgabe 174
34.07_1+2

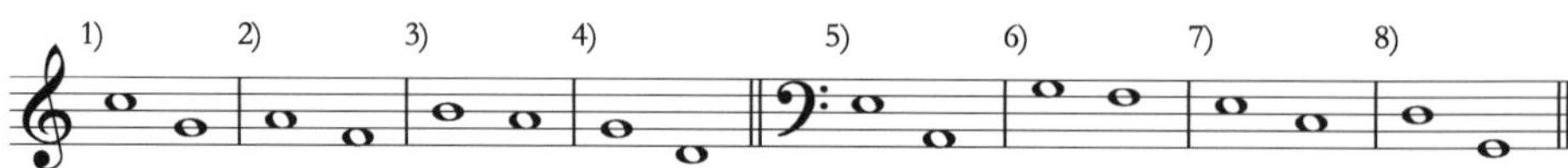

Aufgabe 176
34.09_1+2

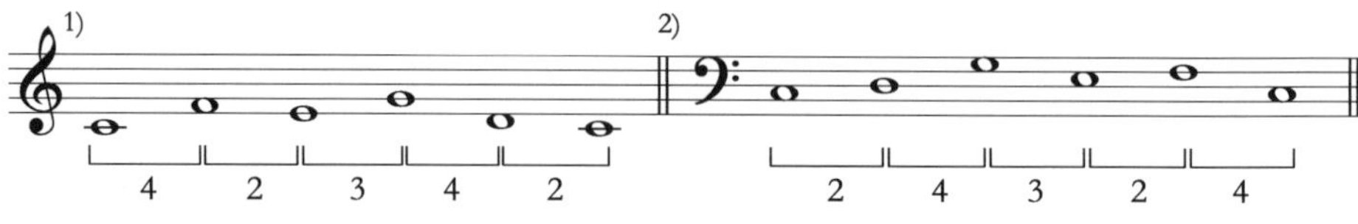

Aufgabe 179
CD Track 60
35.04

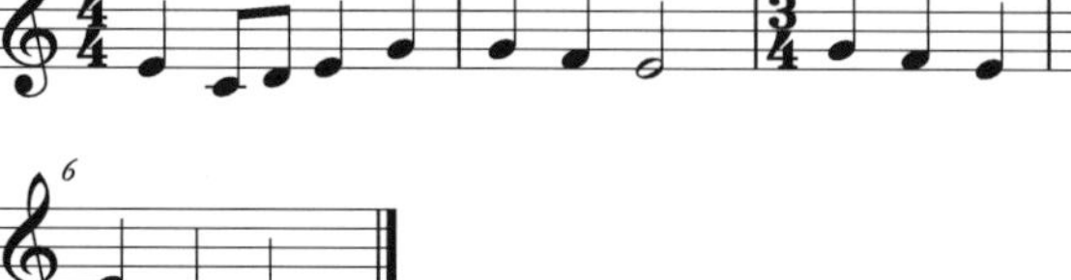

Aufgabe 180
CD Track 61
35.05

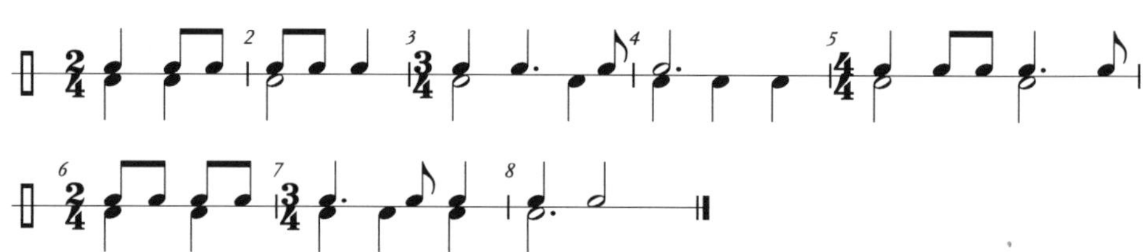

Aufgabe 182

Der Abstand von g zu h beträgt zwei Ganztonschritte.
Der Abstand von d zu e beträgt einen Ganztonschritt.
Der Abstand von f zu h beträgt drei Ganztonschritte.

Der Abstand von e zu g beträgt drei Halbtonschritte.
Der Abstand von f zu a beträgt vier Halbtonschritte.
Der Abstand von d zu h beträgt neun Halbtonschritte.

Aufgabe 183

1) cis^2 2) gis^2 3) fis^1 4) gis 5) cis^3 6) dis^2

7) Fis 8) cis^1 9) dis 10) Cis 11) fis^1 12) gis

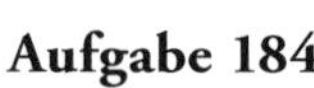
Aufgabe 184

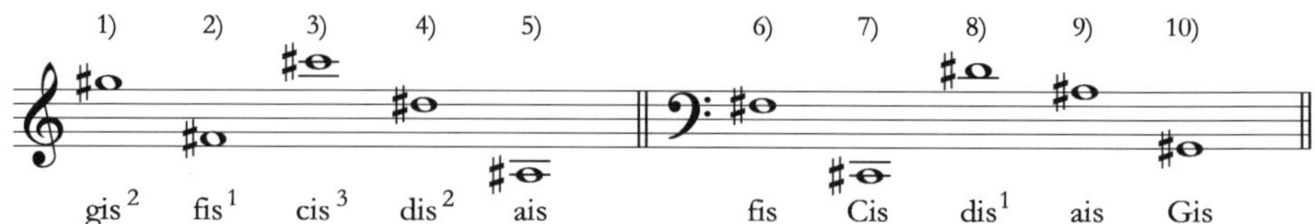

Aufgabe 185

Der Abstand aufwärts von fis zu a beträgt drei Halbtonschritte.
Der Abstand aufwärts von h zu cis beträgt zwei Halbtonschritte.
Der Abstand aufwärts von gis zu c beträgt vier Halbtonschritte.

Der Abstand abwärts von e zu cis beträgt drei Halbtonschritte.
Der Abstand abwärts von fis zu e beträgt zwei Halbtonschritte.
Der Abstand abwärts von c zu gis beträgt vier Halbtonschritte.

Der Abstand aufwärts von cis zu dis beträgt zwei Halbtonschritte.
Der Abstand aufwärts von fis zu ais beträgt vier Halbtonschritte.
Der Abstand aufwärts von dis zu gis beträgt fünf Halbtonschritte.

Der Abstand abwärts von gis zu fis beträgt zwei Halbtonschritte.
Der Abstand abwärts von fis zu dis beträgt drei Halbtonschritte.
Der Abstand abwärts von ais zu fis beträgt vier Halbtonschritte.

Aufgabe 186

1) b^1 2) es^2 3) es^1 4) as 5) as^2 6) des^2

7) es 8) As 9) Es 10) ges 11) B 12) des^1

Aufgabe 187

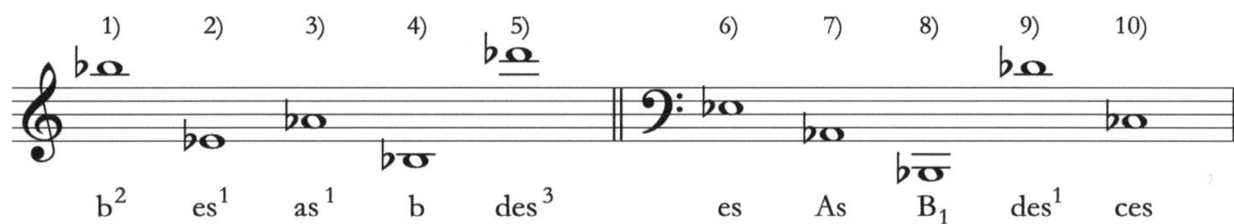

Aufgabe 188

Der Abstand aufwärts von b zu d beträgt vier Halbtonschritte.
Der Abstand aufwärts von e zu as beträgt vier Halbtonschritte.
Der Abstand aufwärts von d zu es beträgt einen Halbtonschritt.

Der Abstand abwärts von es zu c beträgt drei Halbtonschritte.
Der Abstand abwärts von h zu b beträgt einen Halbtonschritt.
Der Abstand abwärts von as zu f beträgt drei Halbtonschritte.

Der Abstand aufwärts von b zu des beträgt drei Halbtonschritte.
Der Abstand aufwärts von es zu as beträgt fünf Halbtonschritte.
Der Abstand aufwärts von ges zu b beträgt vier Halbtonschritte.

Der Abstand abwärts von es zu des beträgt zwei Halbtonschritte.
Der Abstand abwärts von ges zu es beträgt drei Halbtonschritte.
Der Abstand abwärts von des zu as beträgt fünf Halbtonschritte.

Aufgabe 189
◀ 41.02

Der Name des Komponisten ergibt sich aus den Notennamen B–A–C–H (Johann Sebastian Bach).

Im ersten Beispiel ist ein Auflösungszeichen notwendig (gleicher Oktavbereich innerhalb des Taktes), sonst wäre die Note ein b. Im zweiten Beispiel muss kein Auflösungszeichen stehen, weil sich das h im neuen Takt befindet. Im dritten Beispiel wird ebenfalls auf das Auflösungszeichen verzichtet, weil das Versetzungszeichen vor der ersten Note nur für deren Oktavbereich Gültigkeit hat.

Aufgabe 190
◀ 41.03_1

◀ 41.03_2

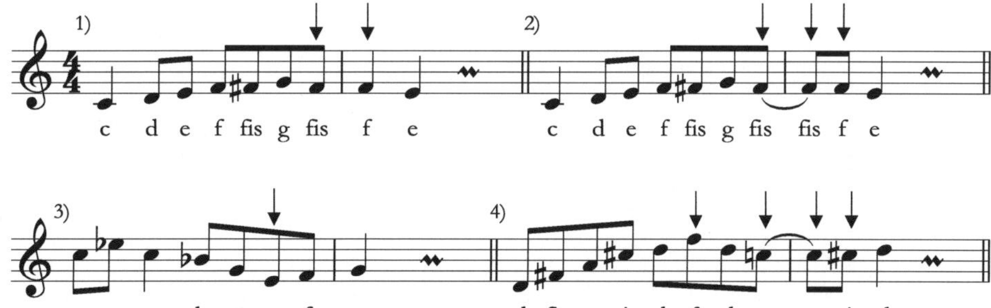

(Aufgabe 190)

Übung 1: Die letzte Note im ersten Takt ist fis, weil das Versetzungszeichen für den gesamten Takt gilt. Die erste Note im Folgetakt ist f; das Kreuz im Vortakt hat keine Gültigkeit mehr, ein Auflösungszeichen muss deshalb nicht stehen.
Übung 2: Die erste Note im zweiten Takt bleibt fis, weil sie mit einem Haltebogen an das fis des Vortaktes gebunden ist. Für die zweite Note gilt diese Versetzung nicht mehr.
Übung 3: Die Versetzung von e^2 zu es^2 (zweite Note) gilt nur für diesen Oktavbereich. Das e^1 bleibt also davon unberührt.
Übung 4: Im ersten Takt fällt das f^2 nicht unter die Versetzung von fis^1 (anderer Oktavbereich). Das c^2 muss ein Auflösungszeichen erhalten, weil die Versetzung zu cis^2 in diesem Takt noch Gültigkeit hat. Im zweiten Takt bleibt die angebundene Note ein c (siehe Übung 1), im Folgenden muss die Versetzung zu cis^2 durch ein Kreuz erfolgen.

Aufgabe 191
Zusatzaufgabe 1

Übung 3: f muss zu fis erhöht werden, damit die geforderte Schrittfolge erhalten bleibt.
Übung 4: h muss zu b erniedrigt werden, damit die geforderte Schrittfolge erhalten bleibt.

Aufgabe 191
Zusatzaufgabe 2

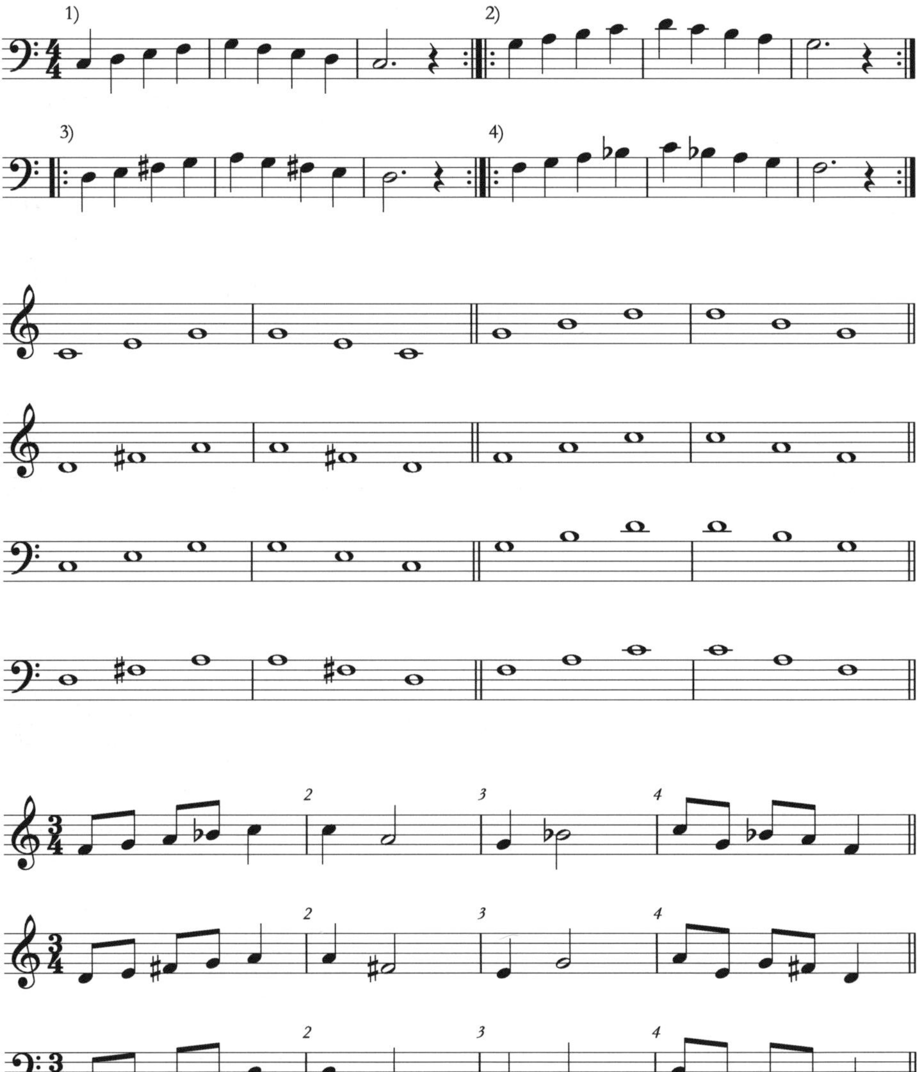

Aufgabe 192
◀ 43.03_1

◀ 43.03_2

◀ 43.03_3

◀ 43.03_4

Aufgabe 193
◀ 43.04_2

◀ 43.04_3

◀ 43.04_4

Aufgabe 194
43.05_2_1

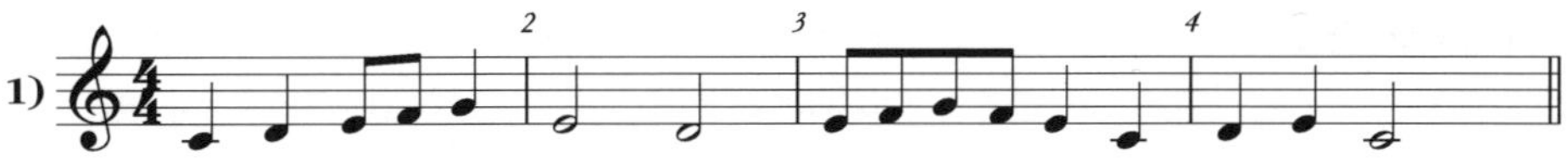

43.05_2_2

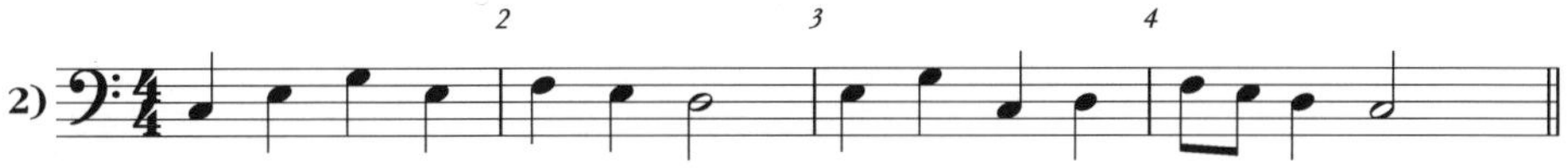

43.05_2_3

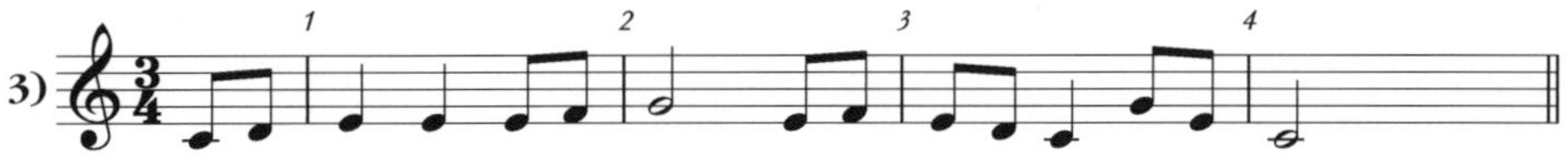

43.05_2_4

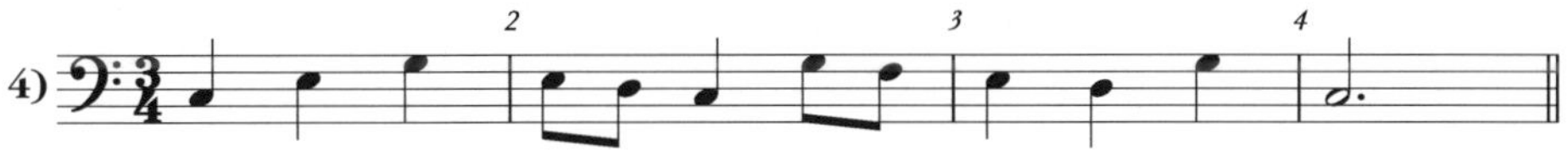

Aufgabe 194
Zusatzaufgabe 2
43.05_3_1

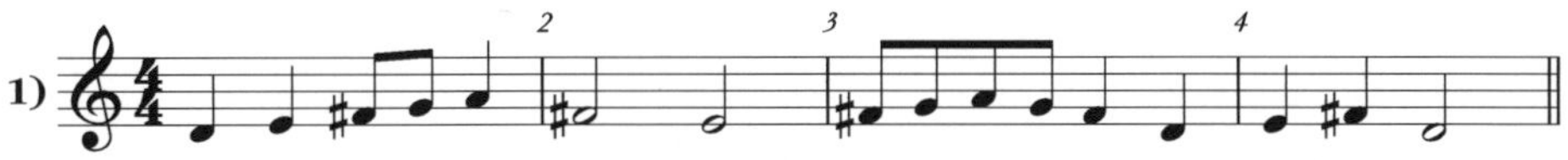

43.05_3_2

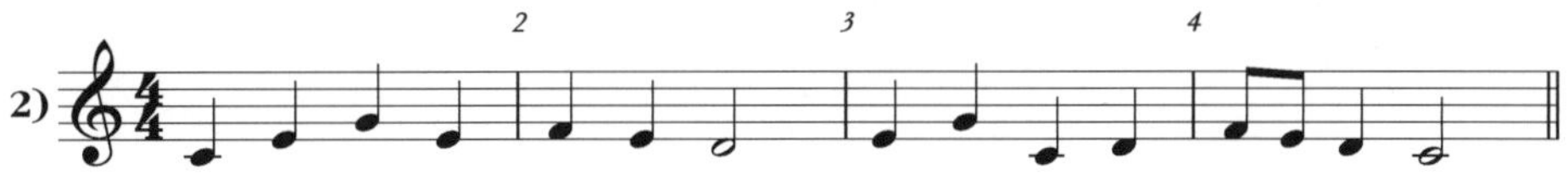

43.05_3_3

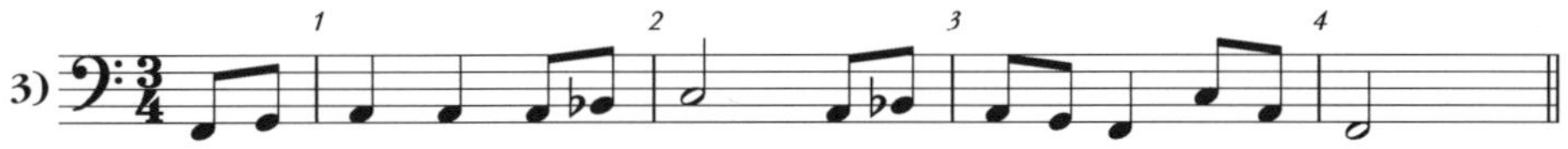

43.05_3_4

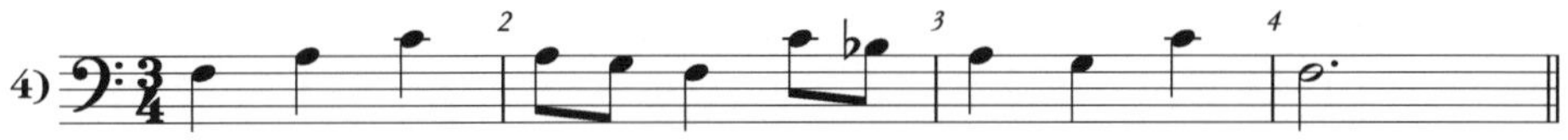

Aufgabe 195
CD Track 55
43.06_1_2
43.06_2_2

Beispiel 1

Beispiel 2

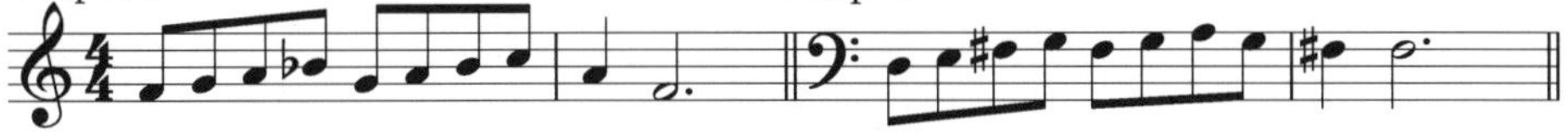

Aufgabe 195
CD Track 56
43.06_3_2
43.06_4_2

Beispiel 1

Beispiel 2

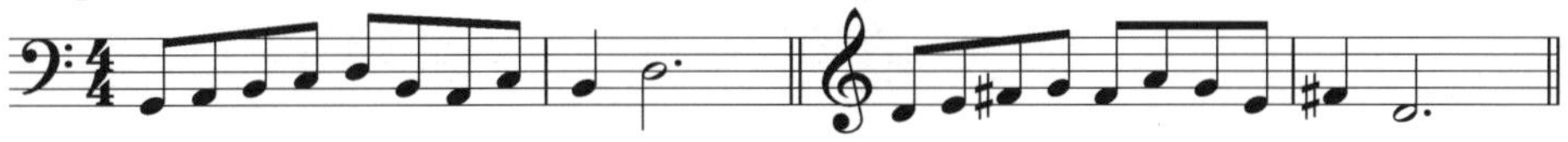

Aufgabe 196
Zusatzaufgabe 2
44.01_1_2

Der Kuckuck und der Esel

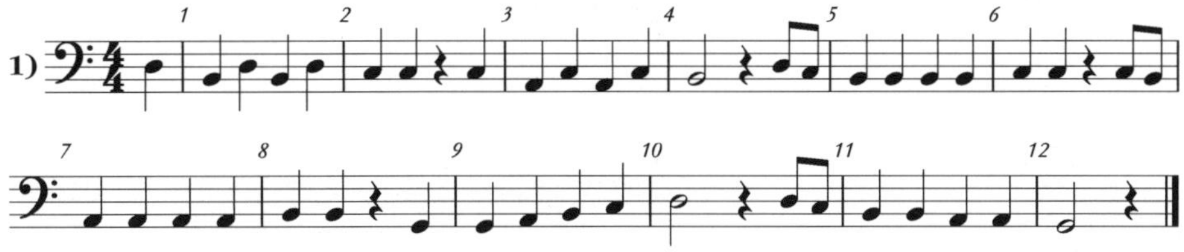

44.01_2_2

Winter, ade

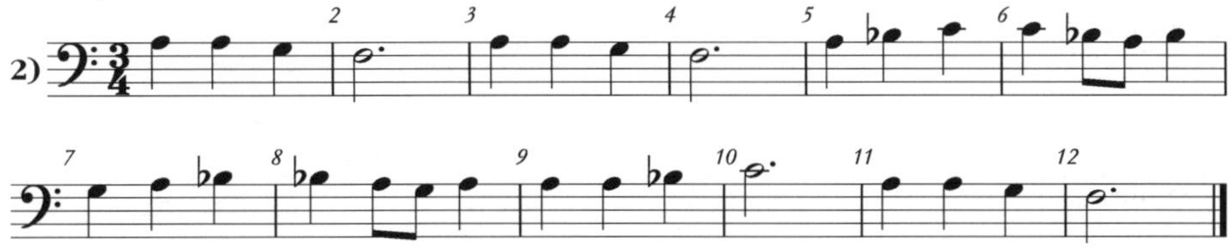

Aufgabe 197
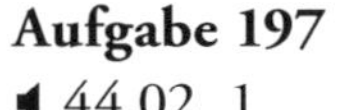
44.02_1

Kuckuck, Kuckuck, ruft's aus dem Wald

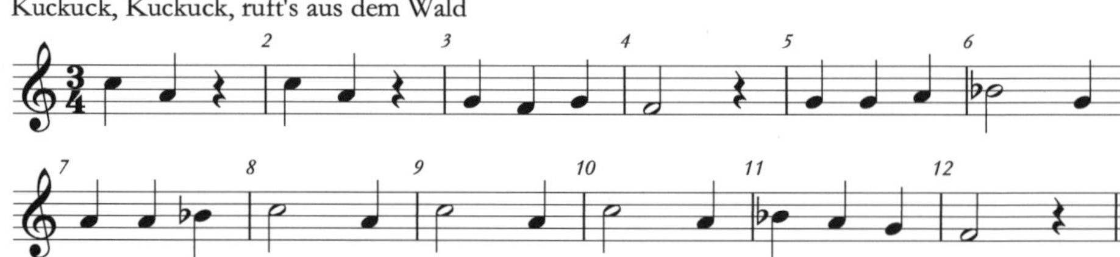

Aufgabe 197
Zusatzaufgabe
44.02_2

Tonraum d^1–a^1

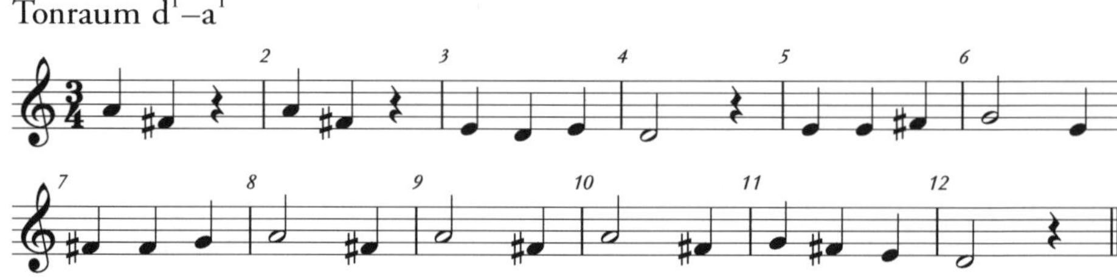

Tonraum g^1–d^2

44.02_3

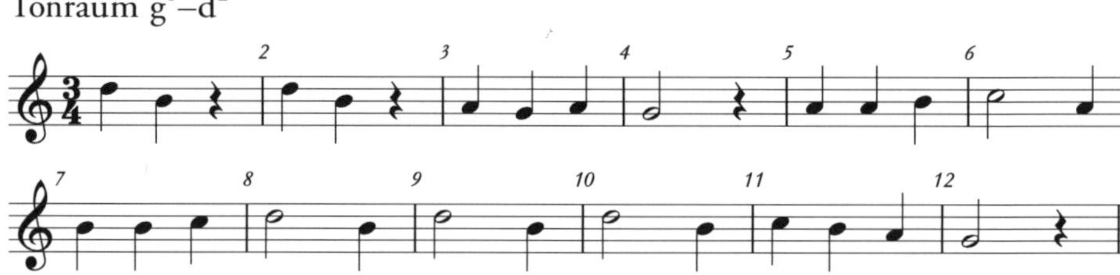

Tonraum c–g

44.02_4

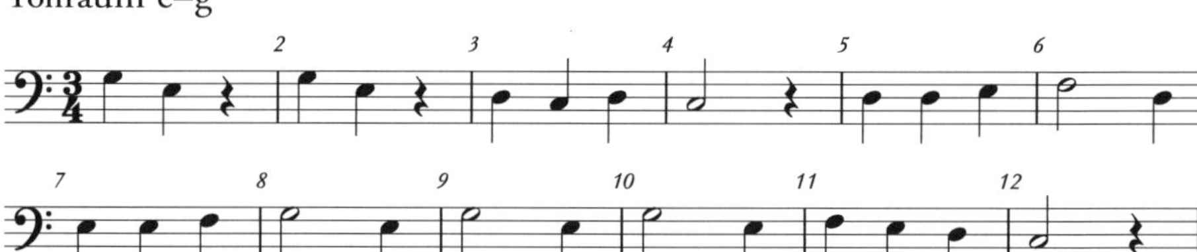

Aufgabe 199
44.04

Summ, summ, summ

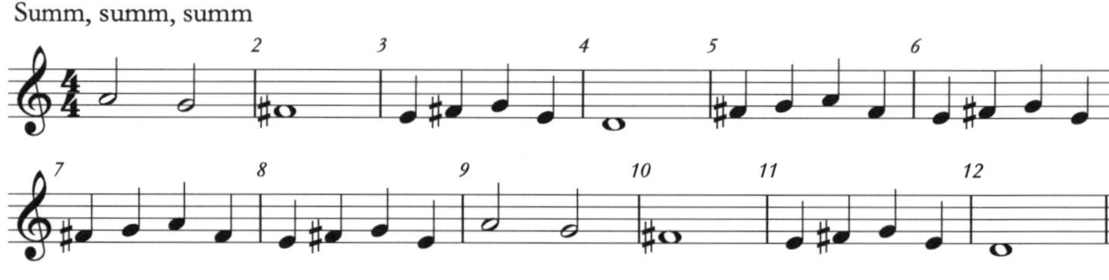

oder auch

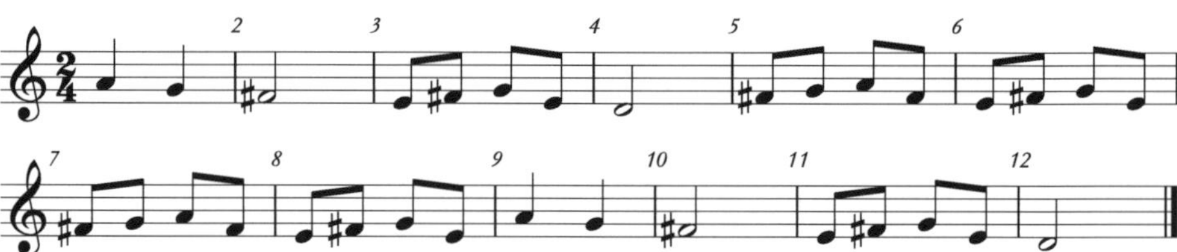

Aufgabe 200
44.05

Zum Beispiel im Tonraum c^1–g^1:

Hänsel und Gretel

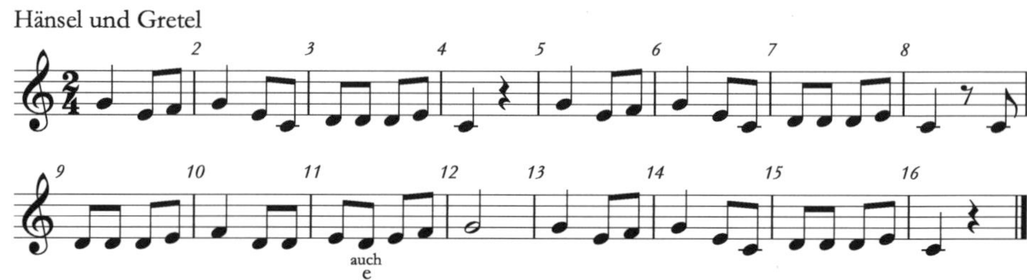

Aufgabe 201
CD Track 64
◀ 44.06_1+2

Beispiel 1: Variante b
Beispiel 2: Variante b

Aufgabe 202
Zusatzaufgabe 1

Transponierte Beispiele:

Tonraum c–g

◀ 44.07_2

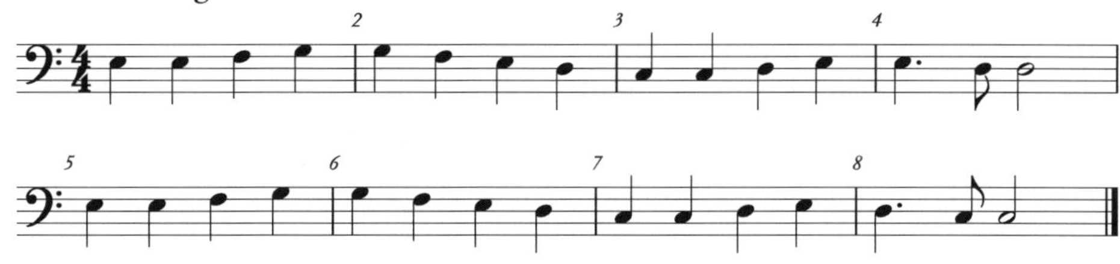

Tonraum f–c¹

◀ 44.07_3

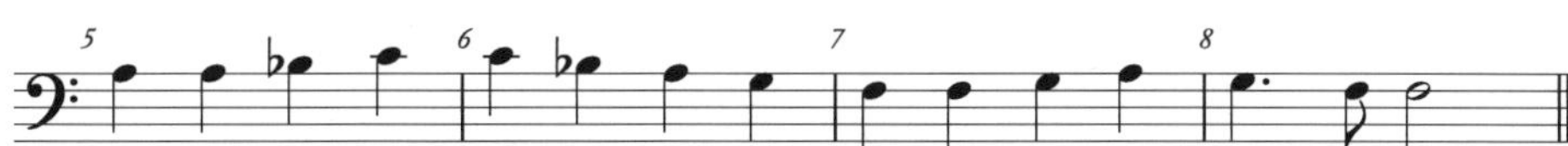

Tonraum g–d¹

◀ 44.07_4

Aufgabe 202
Zusatzaufgabe 2

Ludwig van Beethoven, Sinfonie Nr. 9 d-Moll op. 125; Thema aus dem 4. Satz: *Freude, schöner Götterfunken* (nach Friedrich Schillers Ode *An die Freude*).

Aufgabe 206
◀ 45.03_2

◀ 45.03_3

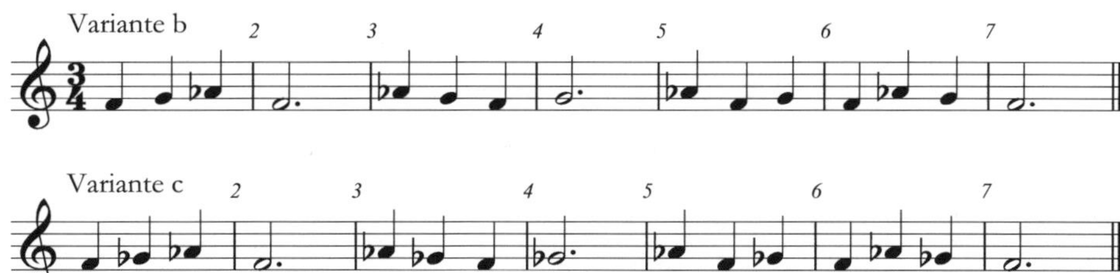

Aufgabe 207
Zusatzaufgabe

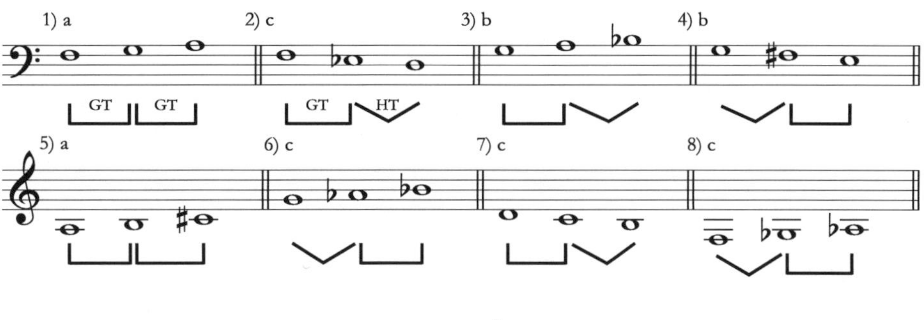

Aufgabe 210
◀ 46.03_1+2

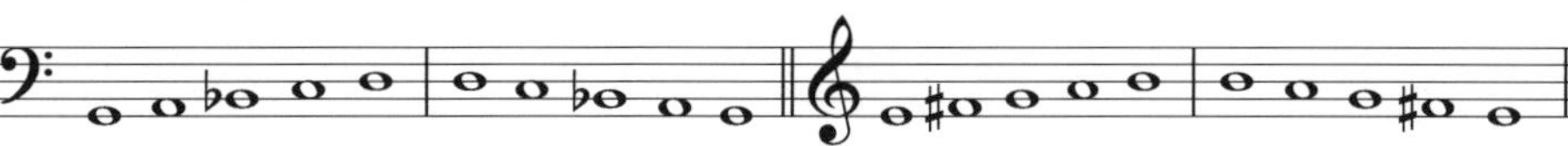

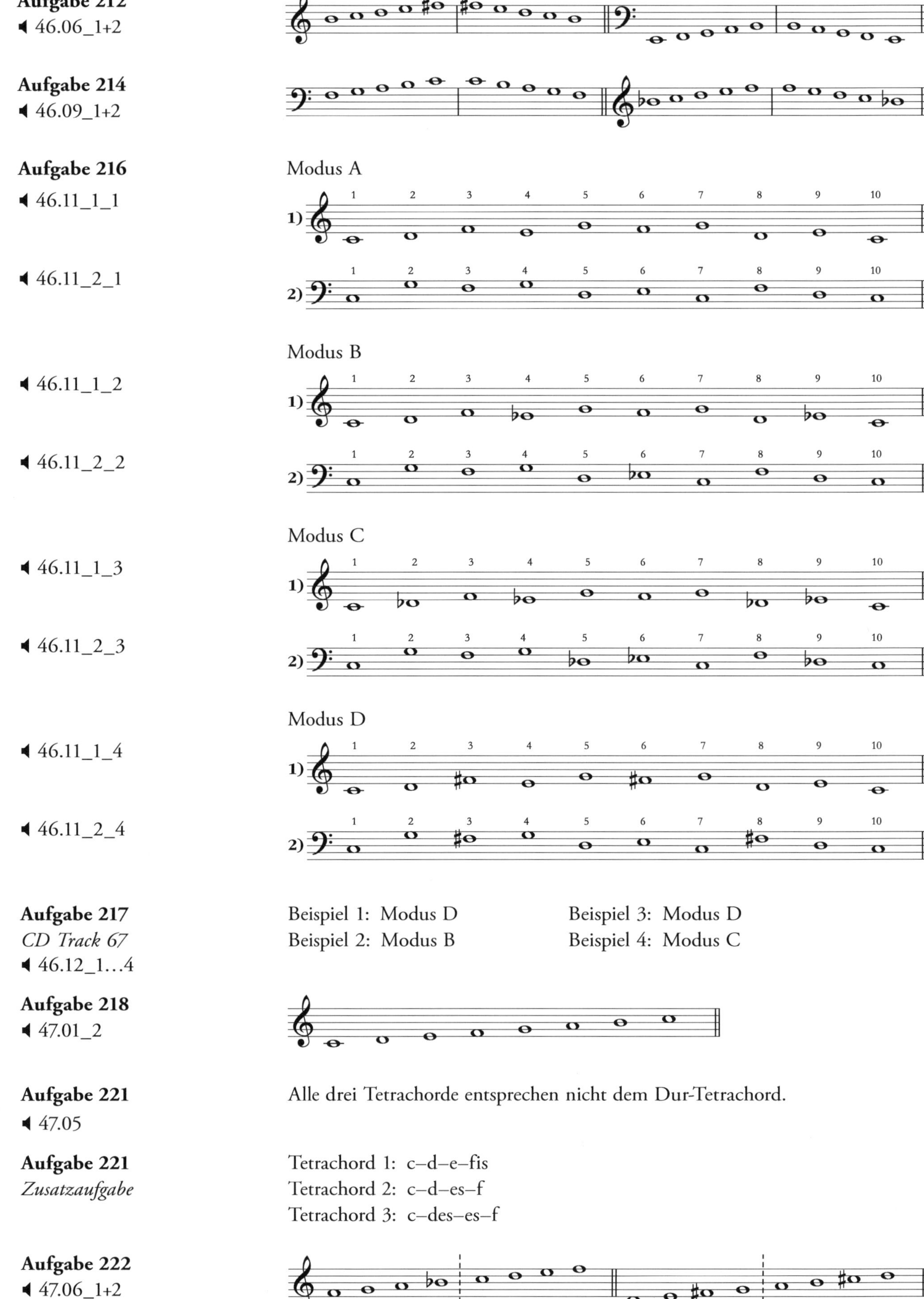

Aufgabe 212
46.06_1+2

Aufgabe 214
46.09_1+2

Aufgabe 216

Modus A

46.11_1_1 — 1)

46.11_2_1 — 2)

Modus B

46.11_1_2 — 1)

46.11_2_2 — 2)

Modus C

46.11_1_3 — 1)

46.11_2_3 — 2)

Modus D

46.11_1_4 — 1)

46.11_2_4 — 2)

Aufgabe 217
CD Track 67
46.12_1…4

Beispiel 1: Modus D
Beispiel 2: Modus B
Beispiel 3: Modus D
Beispiel 4: Modus C

Aufgabe 218
47.01_2

Aufgabe 221
47.05

Alle drei Tetrachorde entsprechen nicht dem Dur-Tetrachord.

Aufgabe 221
Zusatzaufgabe

Tetrachord 1: c–d–e–fis
Tetrachord 2: c–d–es–f
Tetrachord 3: c–des–es–f

Aufgabe 222
47.06_1+2

Aufgabe 224
CD Track 68
◀ 47.08

Beispiel 1: Über c^1 erklingt die III. Tonstufe, der Ton e^1.
Beispiel 2: Über c^1 erklingt die VI. Tonstufe, der Ton a^1.
Beispiel 3: Über c erklingt die V. Tonstufe, der Ton g.
Beispiel 4: Über c erklingt die IV. Tonstufe, der Ton f.

Aufgabe 225
CD Track 69
◀ 47.09

Beispiele 2 und 3 sind Durtonleitern.

Aufgabe 226
CD Track 70
◀ 47.10

Beispiel 1: Der leiterfremde Ton fis befindet sich auf der IV. Stufe.
Beispiel 2: Der leiterfremde Ton es befindet sich auf der III. Stufe.
Beispiel 3: Der leiterfremde Ton b befindet sich auf der VII. Stufe.

Aufgabe 228

1) Der Grundton der neuen Leiter heißt d.
2) Der Ton c (VII. Stufe) muss zu cis erhöht werden.
3) Weil die Leiter auf dem Grundton d aufbaut und die Tonschrittfolge der Durtonleiter entspricht, heißt die neue Leiter D-Dur-Tonleiter.
4) Kreuze stehen vor f (wird fis) und c (wird cis).

Aufgabe 229
◀ 48.04

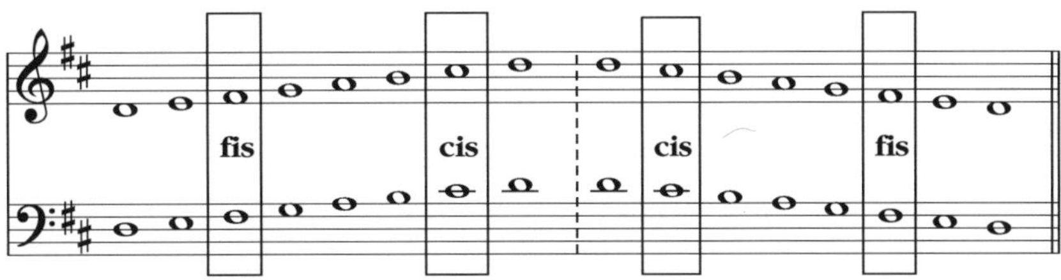

Aufgabe 230

1) Der Grundton der neuen Leiter heißt a.
2) Der Ton g (VII. Stufe) muss zu gis erhöht werden.
3) Weil die Leiter auf dem Grundton a aufbaut und die Tonschrittfolge der Durtonleiter entspricht, heißt die neue Leiter A-Dur-Tonleiter.
4) Kreuze stehen vor f (wird fis), c (wird cis) und g (wird gis).

Aufgabe 231
◀ 48.05

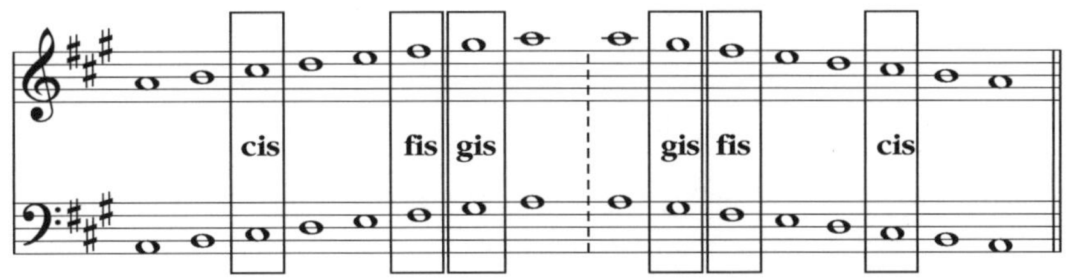

Aufgabe 234
Zusatzaufgaben 1+2
◀ 48.07_1_1...6
◀ 48.07_2_1...6

1) in G-Dur: Stufe III = h, Stufe VI = e
2) in A-Dur: Stufe VI = fis, Stufe II = h
3) in D-Dur: Stufe III = fis, Stufe VII = cis
4) in C-Dur: Stufe VI = a, Stufe IV = f
5) in G-Dur: Stufe II = a, Stufe V = d
6) in A-Dur: Stufe V = e, Stufe III = cis

Aufgabe 235
◀ 48.08

Der Tonschritt e–fis befindet sich
- in G-Dur auf der VI./VII. Stufe,
- in D-Dur auf der II./III. Stufe,
- in A-Dur auf der V./VI. Stufe.

Aufgabe 236
◀ 48.09_1
◀ 48.09_2

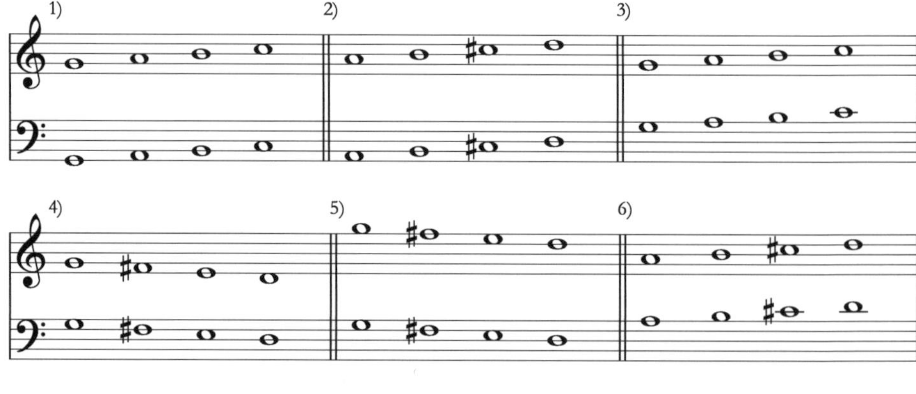

Aufgabe 237

1) Die C-Dur- und D-Dur-Tonleiter haben folgende gemeinsame Töne: d, e, g, a und h.
2) Die G-Dur- und A-Dur-Tonleiter haben folgende gemeinsame Töne: a, h, d, e und fis.

Aufgabe 238
◀ 48.10_1
◀ 48.10_2
◀ 48.10_3
◀ 48.10_4

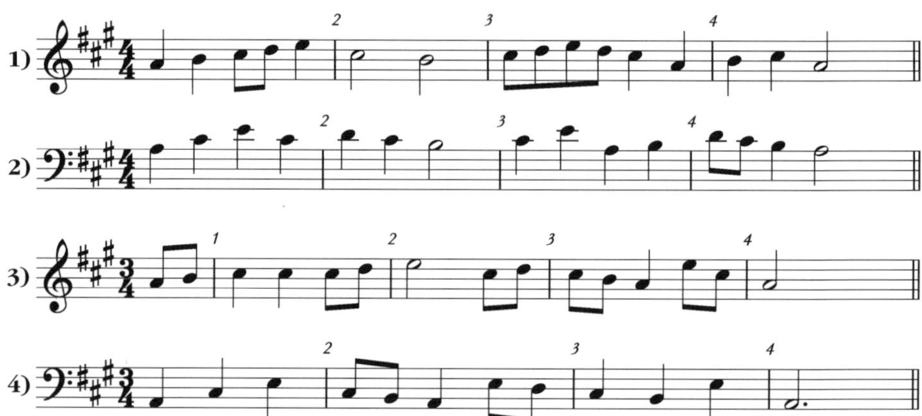

Aufgabe 239
CD Track 71
◀ 48.11

Beispiel 1: Über d^1 erklingt fis^1 = Tonstufe III
Beispiel 2: Über g^1 erklingt d^2 = Tonstufe V
Beispiel 3: Über a erklingt d^1 = Tonstufe IV
Beispiel 4: Über d^1 erklingt d^2 = oktavierte Tonstufe I (VIII)

Aufgabe 241

1) Der Grundton der neuen Leiter heißt b.
2) Der Ton e (IV. Stufe) muss zu es erniedrigt werden.
3) Weil die Leiter auf dem Grundton b aufbaut und die Tonschrittfolge der Durtonleiter entspricht, heißt die neue Leiter B-Dur-Tonleiter.
4) Be stehen vor h (wird b) und e (wird es).

Aufgabe 242
◀ 49.04

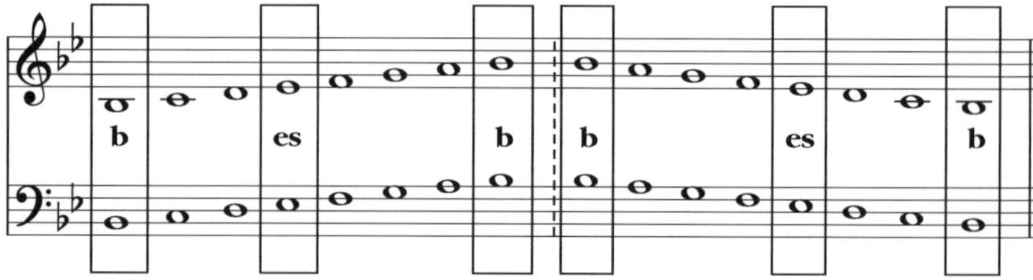

Aufgabe 243

1) Der Grundton der neuen Leiter heißt es.
2) Der Ton a (IV. Stufe) muss zu as erniedrigt werden.
3) Weil die Leiter auf dem Grundton es aufbaut und die Tonschrittfolge der Durtonleiter entspricht, heißt die neue Leiter Es-Dur-Tonleiter.
4) Be stehen vor h (wird b), e (wird es) und a (wird as).

Aufgabe 244
49.05

es as b es es b as es

Aufgabe 245
49.07_2…7

1) In C-Dur: Leitton = h / Gleitton = f
2) in G-Dur: fis / c
3) in F-Dur: e / b
4) in D-Dur: cis / g
5) in B-Dur: a / es
6) in A-Dur: gis / d
7) in Es-Dur: d / as

Aufgabe 246
49.08_1

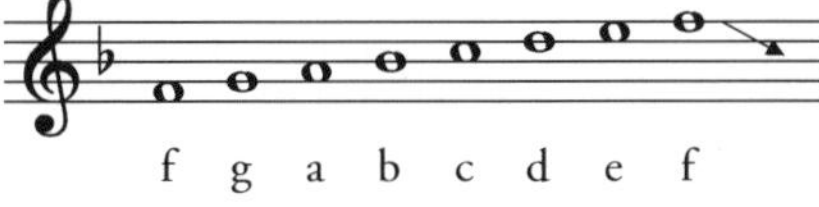

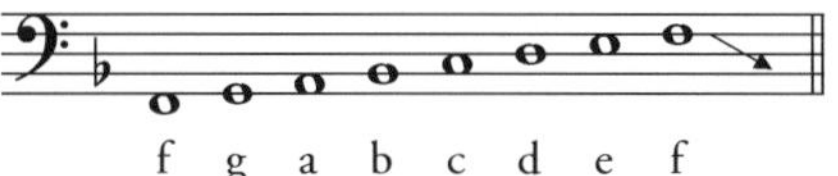

49.08_2

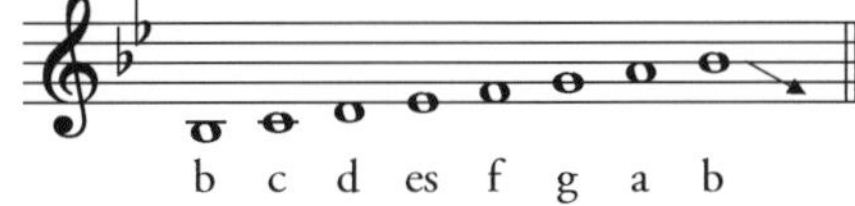

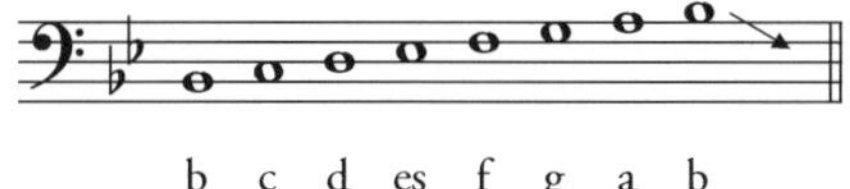

49.08_3

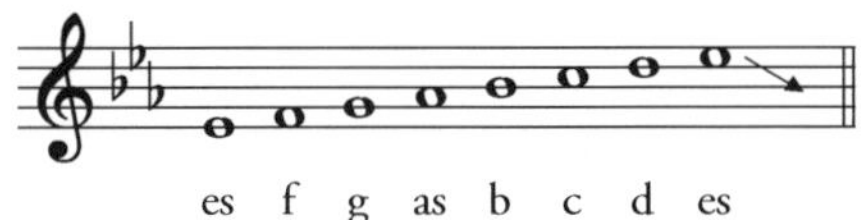

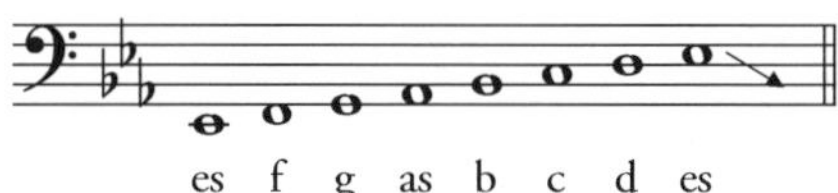

Aufgabe 247
Zusatzaufgaben
49.09_1_1…6
49.09_2_1…6

1) in F-Dur: IV = b, VI = d
2) in B-Dur: VII = a, II = c
3) in Es-Dur: III = g, V = b
4) in C-Dur: II = d, VII = h
5) in Es-Dur: IV = as, II = f
6) in B-Dur: VI = g, III = d

Aufgabe 248
49.10

Der Tonschritt a–b befindet sich
- in F-Dur auf der III./IV. Stufe,
- in B-Dur auf der VII./I. (VIII.) Stufe.

Aufgabe 249
49.11_1

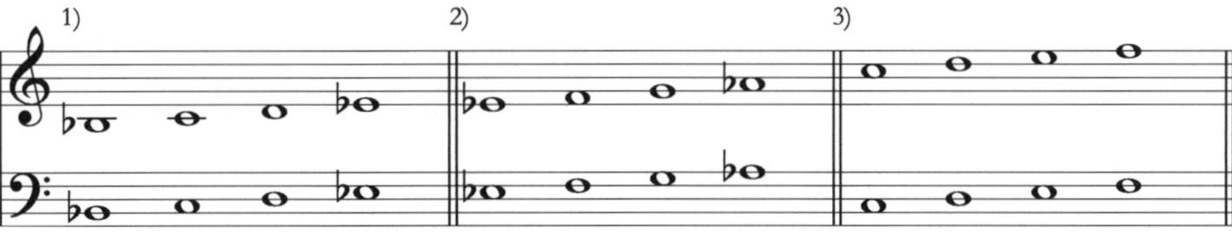

49.11_2

4) 5) 6)

Aufgabe 250

1) Die C-Dur- und B-Dur-Tonleiter haben folgende gemeinsame Töne: c, d, f, g und a.
2) Die F-Dur- und Es-Dur-Tonleiter haben folgende gemeinsame Töne: f, g, b, c und d.

Aufgabe 251
◀ 49.12

Melodie aus Frankreich

Aufgabe 252
CD Track 72
◀ 49.13

Beispiel 1: Über b erklingt es^1 = Tonstufe IV
Beispiel 2: Über f^1 erklingt a^1 = Tonstufe III
Beispiel 3: Über es^1 erklingt c^2 = Tonstufe VI
Beispiel 4: Über b^1 erklingt c^2 = Tonstufe II

Aufgabe 255
CD Track 73
◀ 50.03_1

Märzlied

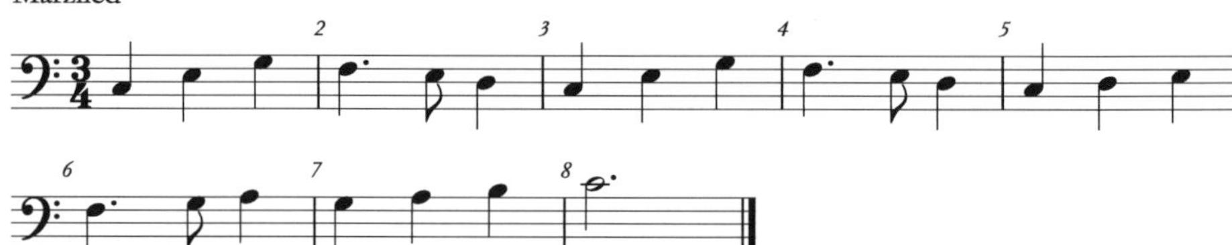

Aufgabe 255
CD Track 74
◀ 50.03_2

Wär ich ein wilder Falke

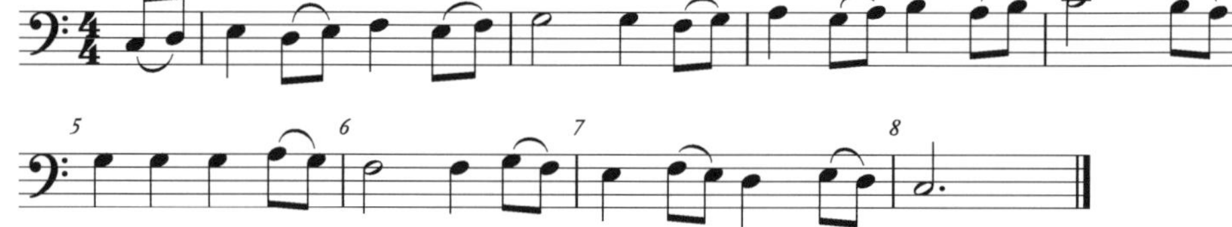

Aufgabe 257
CD Track 75
◀ 50.05

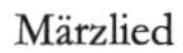
Märzlied

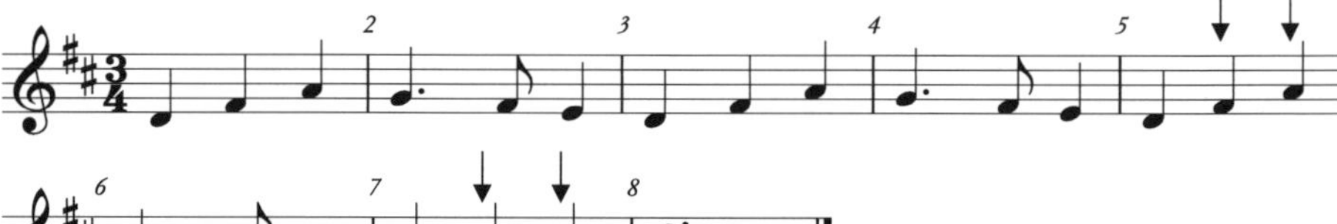

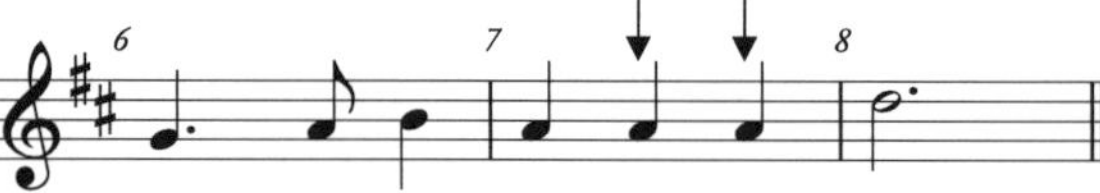

Aufgabe 258
CD Track 76
◀ 50.06

Wär ich ein wilder Falke

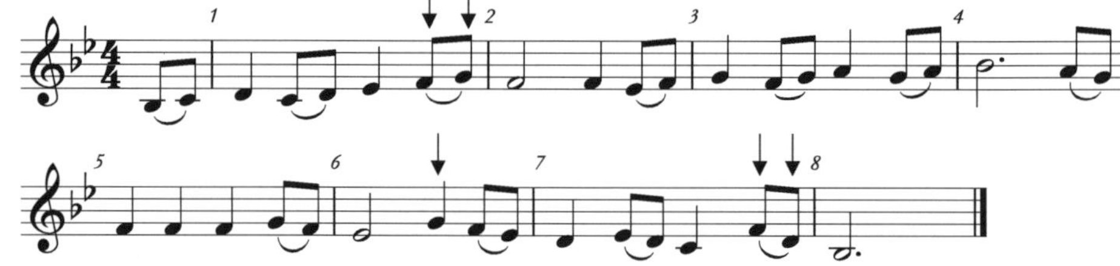

Aufgabe 259

Vergleiche dazu z. B. die Zusammenfassung im Lehrheft auf Seite 94.

Aufgabe 260

1) Richtige Reihenfolge: Schlüssel, Vorzeichnung, Taktangabe
2) Oberes Vorzeichen muss fis sein.
3) Entweder Bassschlüssel einfügen oder Vorzeichnung dem Violinschlüssel anpassen.
4) Vorzeichnung: b, es

5) Entweder Vorzeichnung G-Dur oder Vorzeichnung F-Dur.
6) Falsche Platzierung und fehlendes Vorzeichen fis.

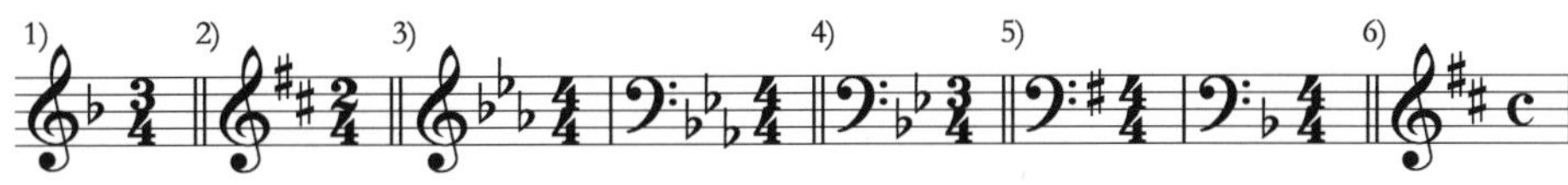

Aufgabe 261

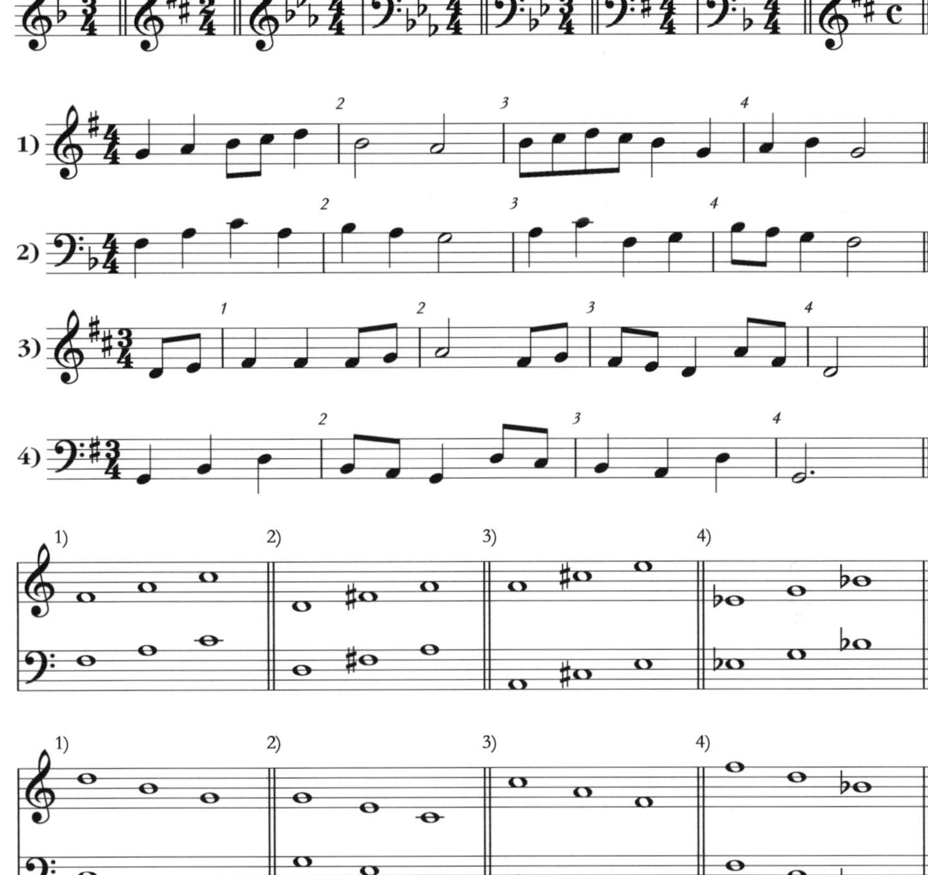

Aufgabe 262
Zusatzaufgabe
◀ 53.01

Aufgabe 263
Zusatzaufgabe
◀ 53.02

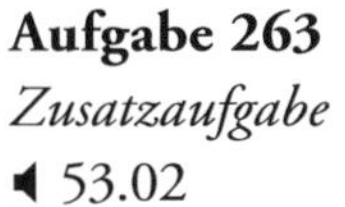

Aufgabe 265
Zusatzaufgabe
◀ 53.04_1+2

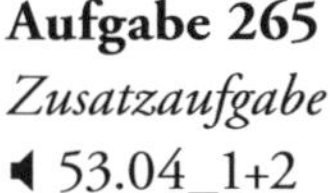

Aufgabe 266
Zusatzaufgabe
◀ 53.05_1+2

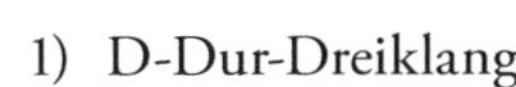

1) D-Dur-Dreiklang
2) G-Dur-Dreiklang
3) B-Dur-Dreiklang
4) A-Dur-Dreiklang
5) Es-Dur-Dreiklang
6) F-Dur-Dreiklang
7) A-Dur-Dreiklang
8) G-Dur-Dreiklang

Aufgabe 267
Zusatzaufgabe
◀ 53.06_2

◀ 53.06_3

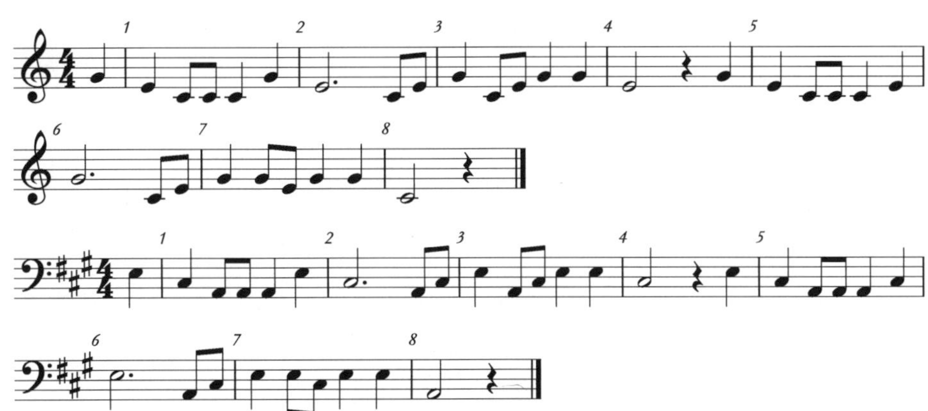

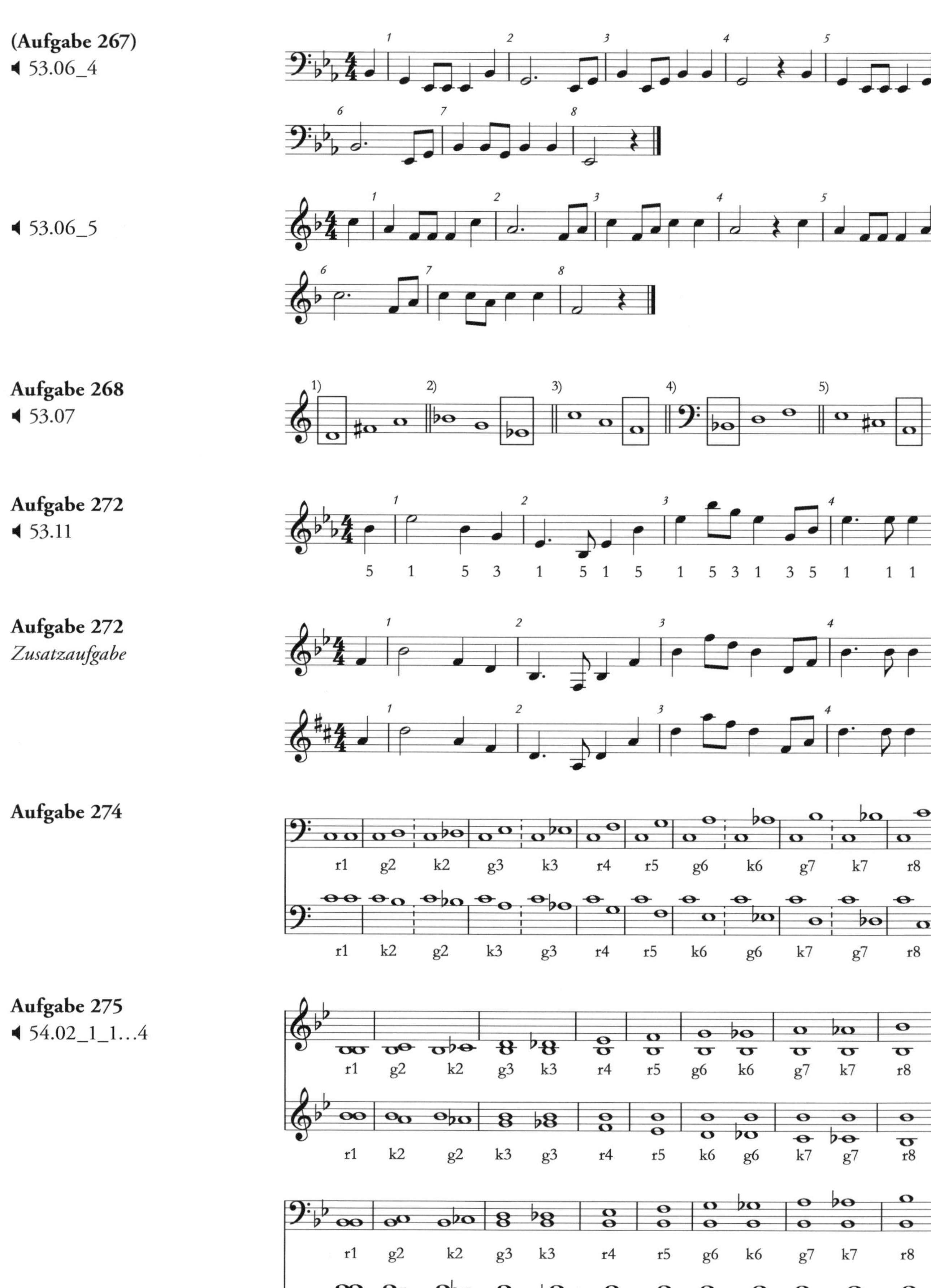
(Aufgabe 267)
53.06_4
53.06_5
Aufgabe 268
53.07
1) 2) 3) 4) 5)
Aufgabe 272
53.11
5 1 5 3 1 5 1 5 1 5 3 1 3 5 1 1 1
Aufgabe 272
Zusatzaufgabe
Aufgabe 274
r1 g2 k2 g3 k3 r4 r5 g6 k6 g7 k7 r8
r1 k2 g2 k3 g3 r4 r5 k6 g6 k7 g7 r8
Aufgabe 275
54.02_1_1…4
r1 g2 k2 g3 k3 r4 r5 g6 k6 g7 k7 r8
r1 k2 g2 k3 g3 r4 r5 k6 g6 k7 g7 r8
r1 g2 k2 g3 k3 r4 r5 g6 k6 g7 k7 r8
r1 k2 g2 k3 g3 r4 r5 k6 g6 k7 g7 r8

◄ 54.02_2_1…4

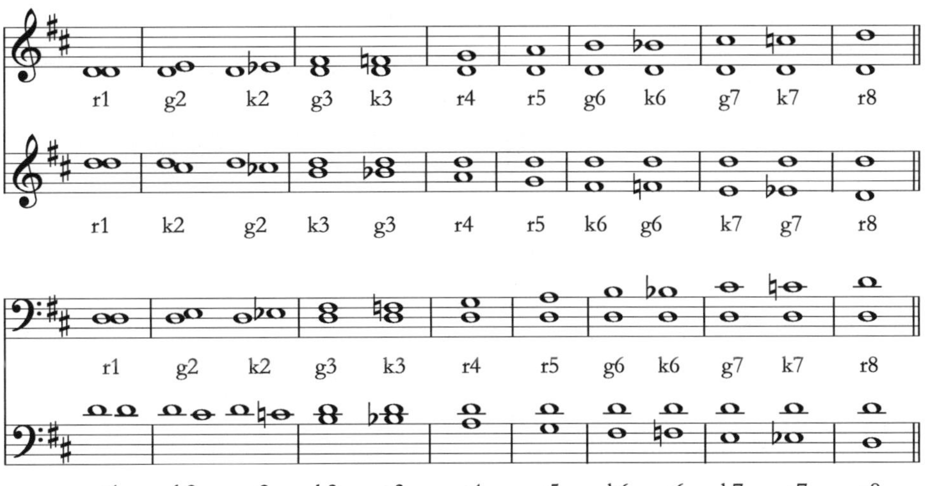

Aufgabe 277

1) in F-Dur aufwärts a–d = (reine) Quarte
abwärts c–f = (reine) Quinte
2) in D-Dur aufwärts g–h = (große) Terz
abwärts cis–a = (große) Terz
3) in A-Dur aufwärts e–a = (reine) Quarte
abwärts d–cis = (kleine) Sekunde
4) in B-Dur aufwärts es–g = (große) Terz
abwärts f–d = (kleine) Terz
5) in G-Dur aufwärts fis–g = (kleine) Sekunde
abwärts e–a = (reine) Quinte
6) in Es-Dur aufwärts b–d = (große) Terz
abwärts as–es = (reine) Quarte

Aufgabe 278
◄ 54.04_1…6

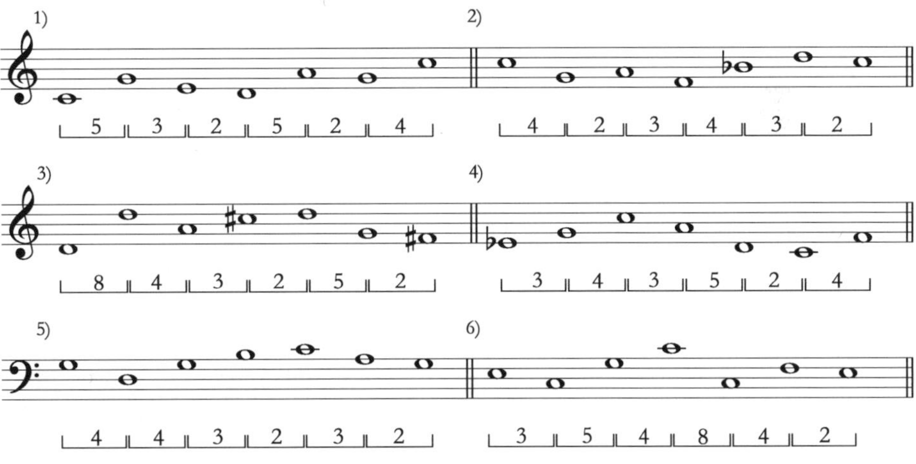

Aufgabe 280

Siehe Lehrheft Seite 72 bis 75.

Aufgabe 281
◄ 55.03_1

◄ 55.03_2

Aufgabe 282
55.04

Begründung: chromatische Durchgangstöne werden aufwärts leittönig (mit Kreuz), abwärts gleittönig (mit Be) notiert.

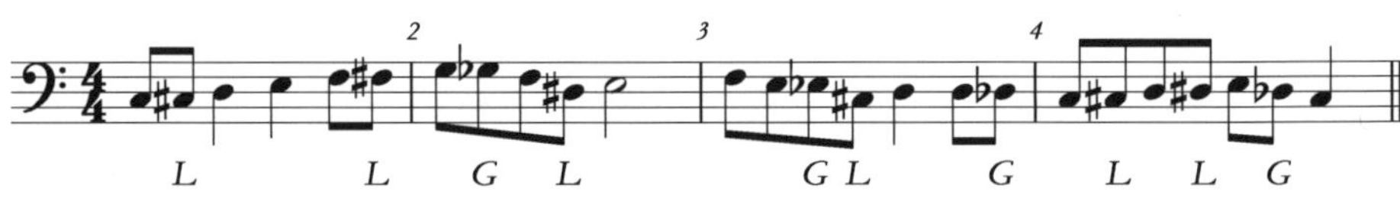

Aufgabe 283
55.05

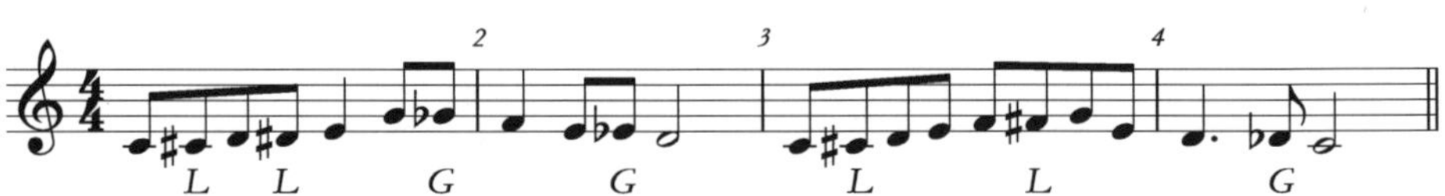

Aufgabe 285
Zusatzaufgabe 1
56.02_2

Aus Ungarn

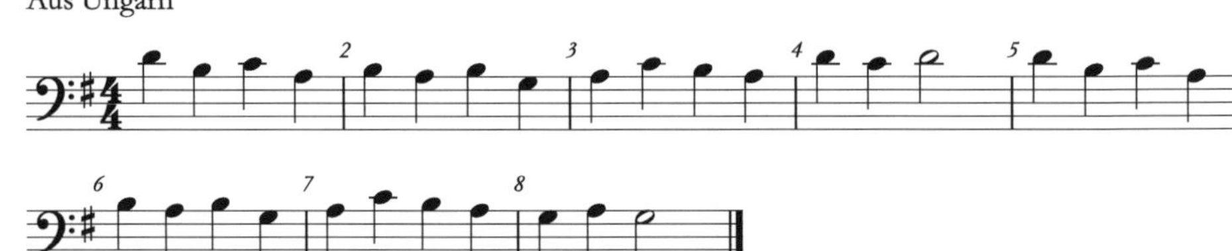

Aufgabe 285
Zusatzaufgabe 2
56.02_3

Modus B

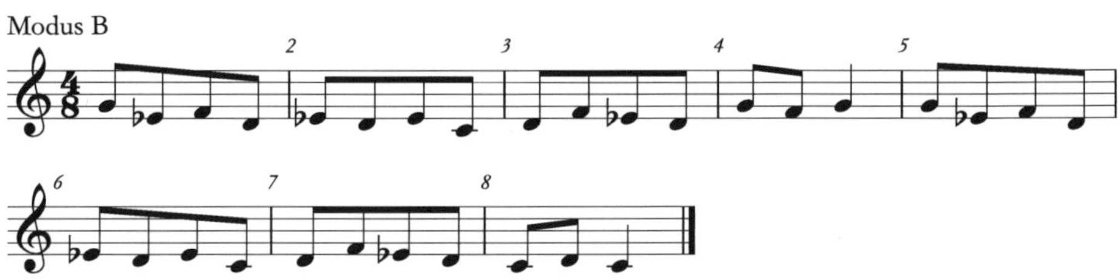

56.02_4

Modus C

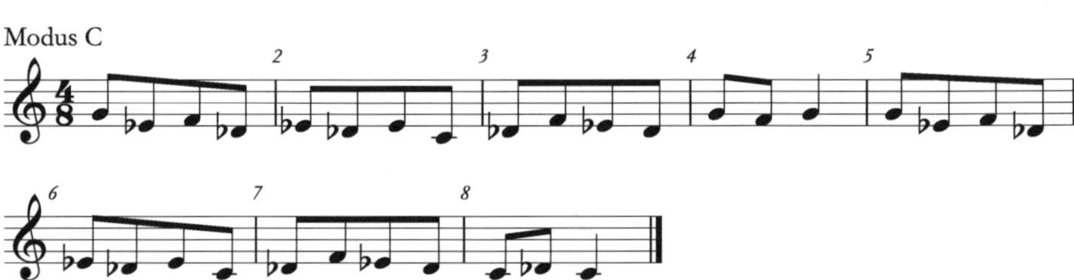

56.02_5

Modus D

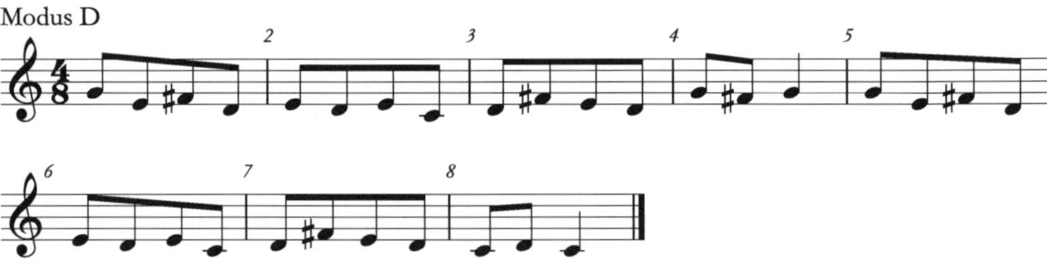

Aufgabe 286
Zusatzaufgabe 1
56.03_2

Aus einem alten Tanzbuch

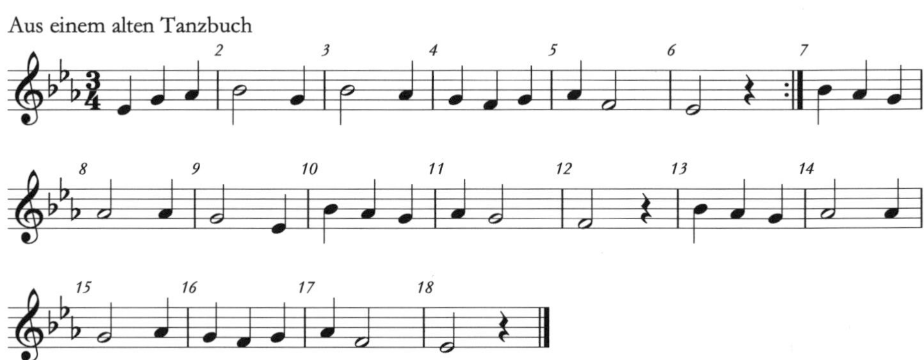

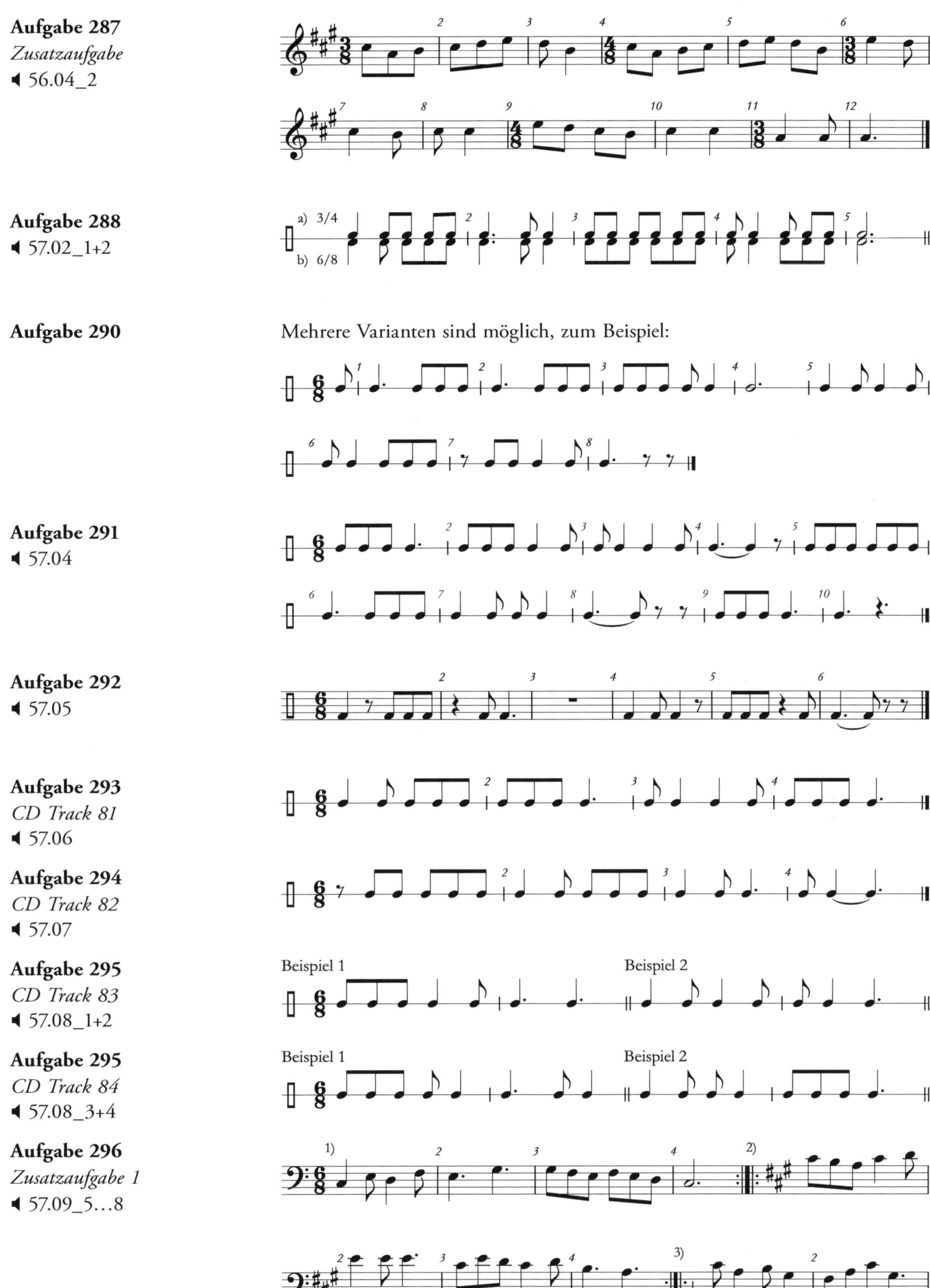
Aufgabe 287
Zusatzaufgabe
56.04_2
Aufgabe 288
57.02_1+2
a) 3/4
b) 6/8
Aufgabe 290
Mehrere Varianten sind möglich, zum Beispiel:
Aufgabe 291
57.04
Aufgabe 292
57.05
Aufgabe 293
CD Track 81
57.06
Aufgabe 294
CD Track 82
57.07
Aufgabe 295
CD Track 83
57.08_1+2
Beispiel 1
Beispiel 2
Aufgabe 295
CD Track 84
57.08_3+4
Beispiel 1
Beispiel 2
Aufgabe 296
Zusatzaufgabe 1
57.09_5…8
1)
2)
3)

(Aufgabe 296)

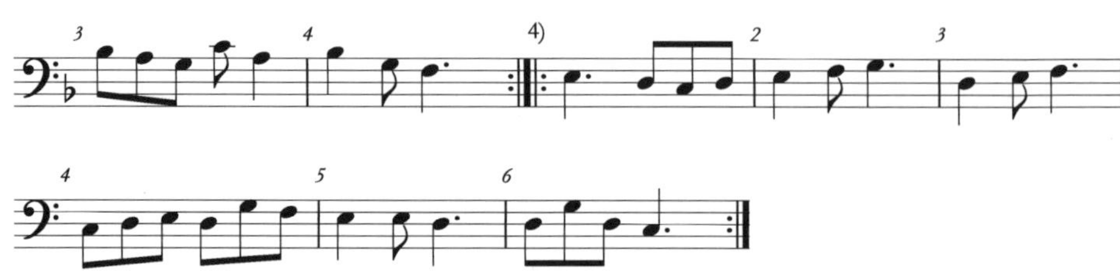

Aufgabe 296
Zusatzaufgabe 2
◀ 57.09_9

Modus A

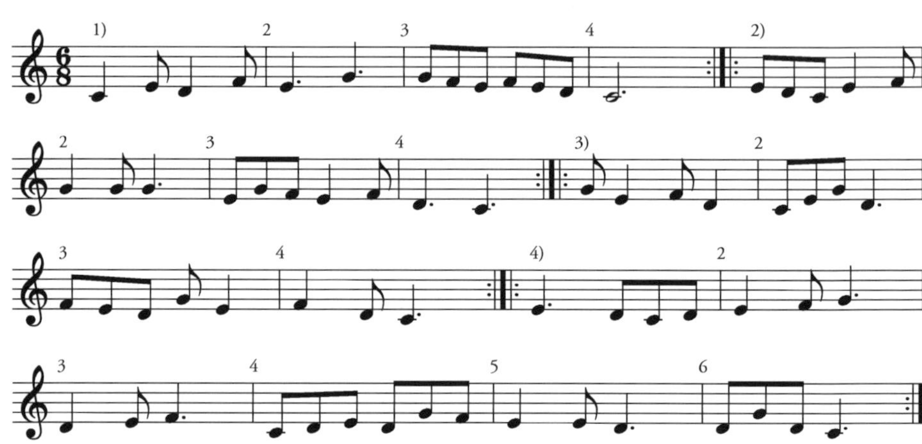

Modus B

◀ 57.09_10

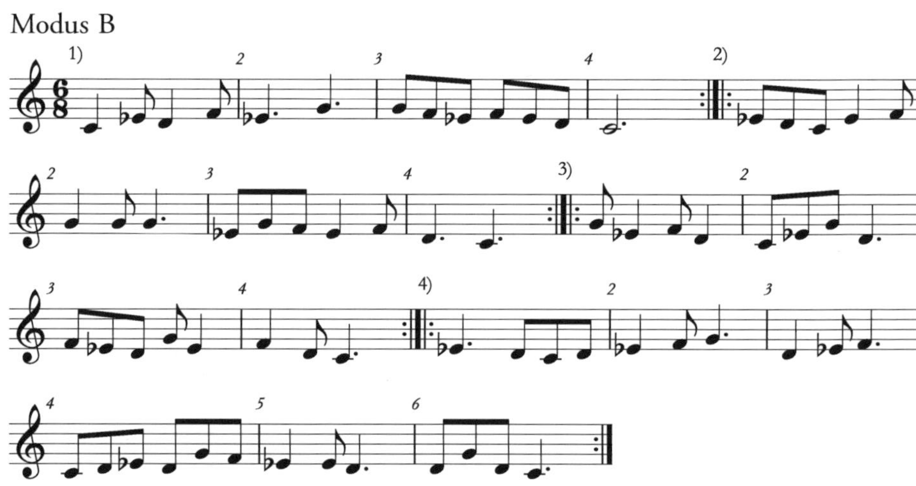

Modus C

◀ 57.09_11

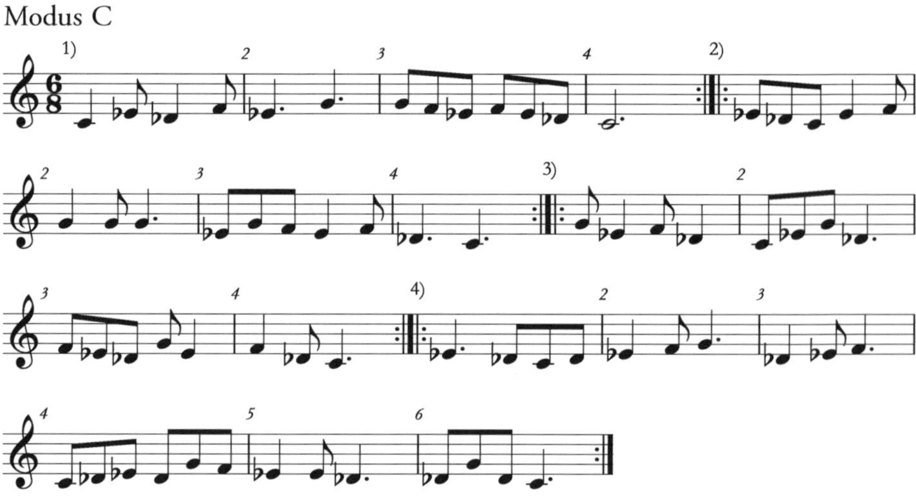

Modus D

◀ 57.09_12

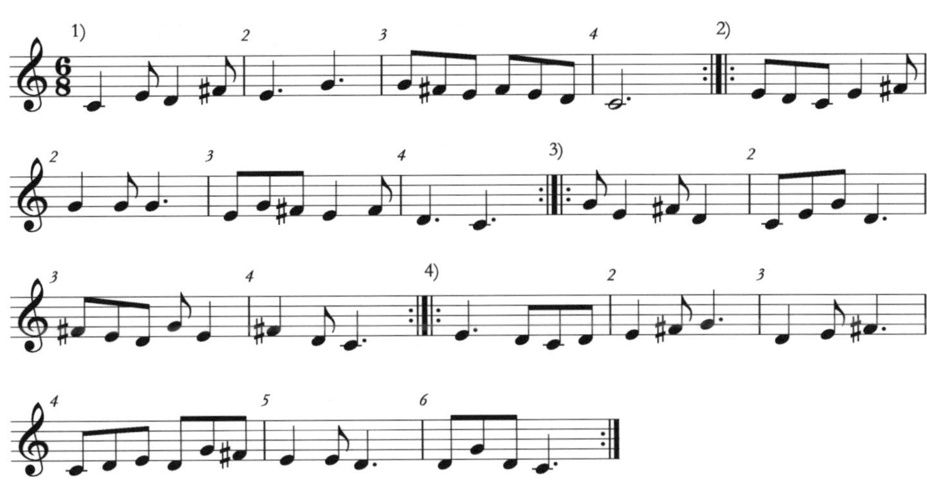

Aufgabe 298
CD Track 85
◀ 57.11

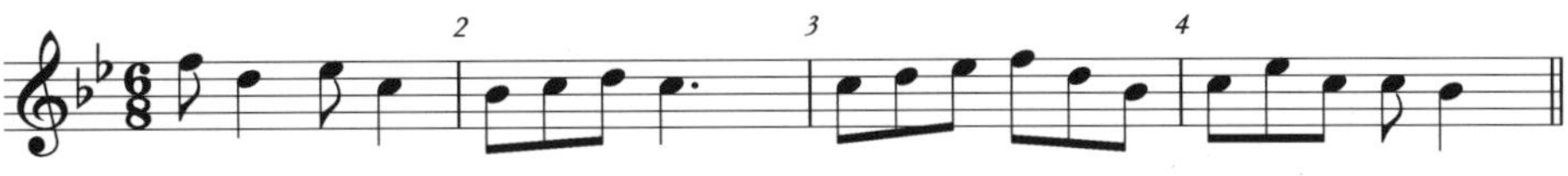

Aufgabe 303
◀ 58.03_1

Oh, When the Saints Go Marchin' in (Spiritual)

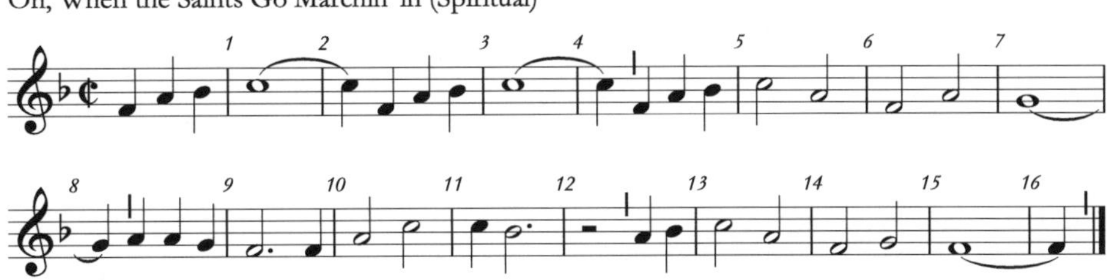

Aufgabe 303
Zusatzaufgabe 1
◀ 58.03_2

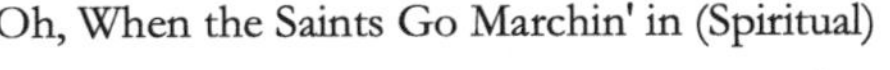

Oh, When the Saints Go Marchin' in (Spiritual)

◀ 58.03_3

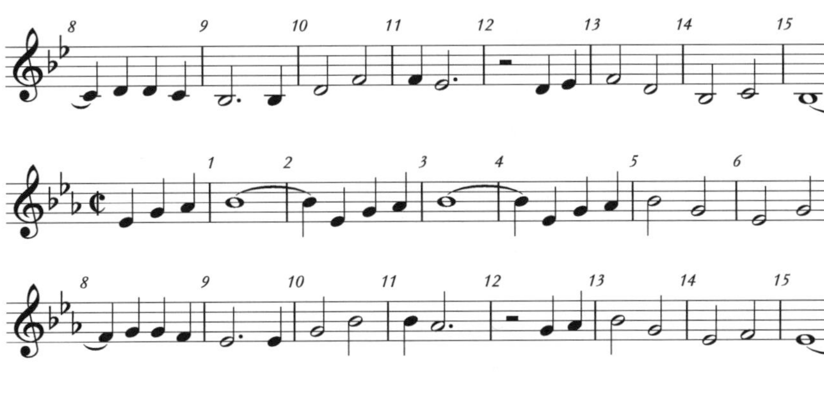

◀ 58.03_4

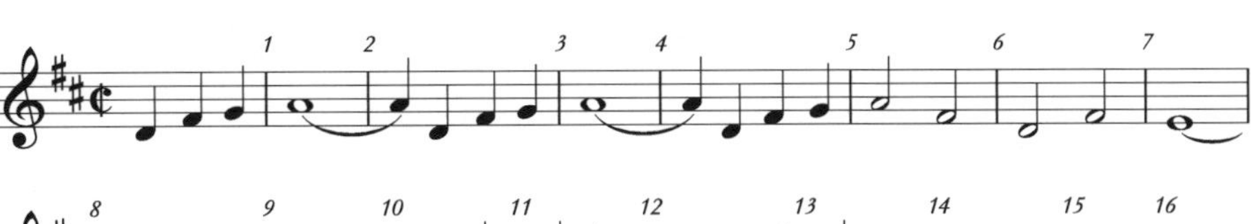

(Aufgabe 303)
◀ 58.03_5

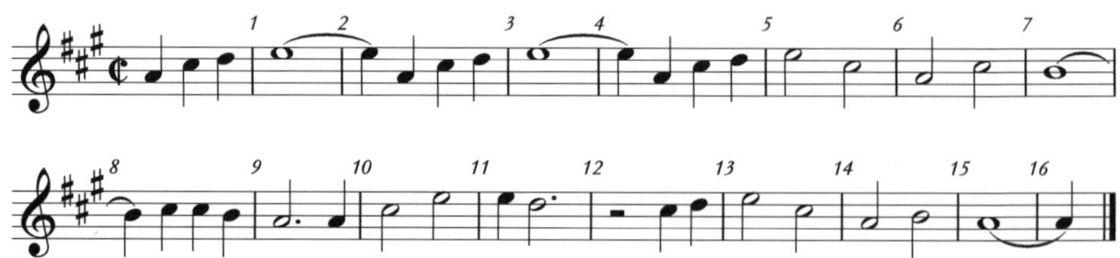

Aufgabe 303
Zusatzaufgabe 2

Die drei Viertel des Auftakts ergänzen sich mit dem (übergebundenen) Viertel des Schlusstakts zu einem Volltakt.

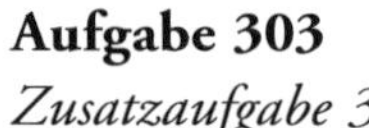

Aufgabe 303
Zusatzaufgabe 3

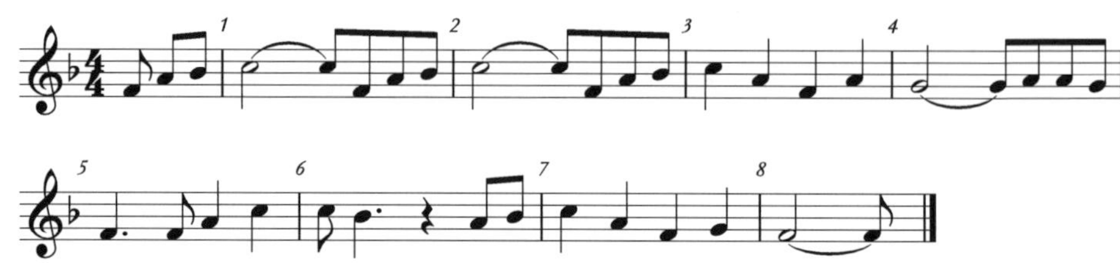